지나고 보니 마흔이 기회였다

지나고 보니 마흔이 기회였다

인생의 전환점에
선 당신에게
2500년
동양고전이 전하는
어른의 철학

이남훈 지음

P page2

계곡에서 지쳐 쓰러질 것인가
다시 힘차게 산을 타고 오를 것인가

과거는 이미 지나가 버렸으니 가장 중요한 순간은 단연코 현재라고 말할 수 있다. 이 현재만이 미래를 바꿀 수 있는 매우 강력하고 결정적인 힘을 가지고 있기 때문이다. 그러나 과거는 불쑥불쑥 현재를 다시 찾아오곤 한다. 때로는 기분 좋은 웃음을 짓게 만드는 '추억'이라는 이름으로, 또 때로는 뼈저리게 가슴을 때리는 '후회'라는 이름으로 말이다.

　문제는 지난 과거가 오늘의 나를 흔들 수는 있어도, 내가 과거로 되돌아갈 수는 없다는 점이다. 무한직진이라는 시간의 특성상, 아무리 괴로워도 미래로 향하는 발걸음은 멈출 수가 없다.

영혼의 노숙자이자 행복 취약 계층, 중년

마흔은 난입을 당하는 시기다. 원하지도 않고 의도하지도 않았던 변화가 빠르고 거칠게 들이닥친다. 신체적 노화가 눈에 띌 정도로 가속화되고, 감정의 출렁거림이 수시로 찾아온다. 그 결과 인간관계도 예전만 못해서 교제의 폭이 줄어들 수밖에 없다. 경제적, 사회적 위상도 낮아질 기미가 보이기 시작한다. 2022년 기준 평균 퇴직 연령은 49.3세다. 그러니 40대에 들어섰다는 이유만으로도 미래에 대한 불안과 걱정은 기본값이 된다. 조울증과 공황장애가 가장 많이 발생하는 연령대 역시 단연 40대이며 동시에 행복감도 제일 낮아진다는 것이 과학적인 연구 결과다. 전문가들은 이렇게 총체적인 변화를 겪는 40대의 상태를 '영혼의 노숙자', '행복 취약 계층'으로 명명하고 있다. 아이러니한 점은 주변에서 바라보는 40대는 꽤나 행복하고 좋은 상황인 것처럼 인식되기도 한다는 점이다. 통계청의 연령별 평균 소득은 40대에 최정점을 이루고 있고, 직위와 직급도 높아서 어딜 가도 대우를 받으니 말이다.

하지만 40대는 지금껏 열심히 살아왔던 삶의 과정에서 겨우 안도의 숨을 쉬는 시기다. 정신적으로나 신체적으로 기운이 소진되어 기진맥진한 상태인 경우가 많다. 겉으로는 왕관을 쓰고 있지만, 그 무게를 몹시도 고통스럽게 견디는 모습이라고 할까. 웃고 있지만 울고 싶고, 울고 싶지만 웃어야 하는 이 기막힌 괴로움이 마흔의 정서를 지배하고 있다.

이 지점에서 더욱 자신을 힘들게 하는 감정이 바로 후회다. 예전에 내가 다른 선택을 했다면 지금 좀 더 낫지 않았을까? 혹은 현재의 상황을 일찌감치 예상하고 좀 더 주도면밀하고 현명하게 행동했다면 어땠을까?

패배가 승리를 견인하는 신기한 게임

《월스트리트저널》의 기자였으며,《뉴욕타임스》,《워싱턴포스트》의 칼럼니스트였던 데이비드 브룩스David Brooks는 '인생의 두 번째 산'에 관해 이야기했다. 첫 번째 산이 사회적 성공과 외형적 화려함을 위해 무한 열정으로 달려왔던 인생의 전반전이라고 한다면, 두 번째 산은 세상에 대한 통찰과 지혜를 기반으로 내면의 성장을 꾀하는 후반전이라고 할 수 있다. 40대의 나이야말로 두 번째 산을 올라야 하는 중간의 시기이자, 인생 후반전을 준비할 수 있는 절호의 기회다.

스포츠에서는 전반전에 대패하면 후반전에서 아무리 잘해도 뒤집기 어렵지만, 인생이라는 게임은 전반전의 성적과 후반전의 성적이 무관한 경우가 많다. 사회생활 초반의 대성공이 오히려 발목을 잡을 때도 있고, 당시에 길러왔던 자만심이 독이 되기도 한다. 송나라의 학자 정이(程顥)는 인생의 세 가지 큰 불행을 의미하는 '인생 삼불행(人生三不幸)'에 관한 이야기를 했다. 그중 첫 번째가 바로 어린 시절에 과거에 급제해 출세하는 것이다. 오늘날로 치면 인생의 전반전을 실패 없이 살아온 것을 의미한다. 더 나아가 맹자(孟子)는 오히려 전반전에 실패해야만 후반전에 성공할 수 있다고 말한다.

하늘이 어떤 사람에게 큰 임무를 맡기려 하면, 반드시 먼저 마음을 괴롭게 하고, 그 근육과 뼈를 수고롭게 하고, 그 몸과 피부를 굶주리게 하고, 그 몸을 궁핍하게 하고, 이루려고 하는 일을 뒤틀어 안 되게 한다.

이제까지 살아왔던 자신의 인생이 실패였다고 평가한다면, 차라리 잘된 일이다. 겁나게 운 좋게도 인생의 큰 불행 중 하나를 이미 피해버렸으니 다행이고, 이미 겪을 궁핍과 굶주림을 다 겪었으니 이제부터 진짜 인생을 살아가면 되는 일이기 때문이다.

40대, 산과 산 사이 계곡의 시기

40대는 첫 번째 산과 두 번째 산 사이의 계곡에 서 있는 것이나 마찬가지다. 그러니 중요한 것은 지금부터. 다시 두 발과 두 손에 힘을 주고 힘차게 오를 것인가, 아니면 계곡에서도 밀려 절벽으로 떨어질 것인가 결정해야 하는 시기이기 때문이다.

다행스러운 것은 40대까지 살아온 인생 자체가 극적이면서도 새로운 변화를 이끌어낼 수 있는 기반이라는 점이다. 동양철학에서는 이를 물극필반(物極必反)이라고 말한다. 사물이나 어떤 일이 극(極)에 달하면 반드시 또 다른 방향으로 전환(反)된다는 의미다. 40대야말로 극에 달한 시기다. 성장기와 학창 시절, 그리고 나름의 사회생활을 거치면서 세상에 대한 안목을 키워왔고, 좋든 싫든 여러 경험을 통해 나름의 지혜라는 것을 축적해 왔다. 이러한 자산은 삶을 전환시킬 수 있는 유용한 자원이며, 새로운 도약을 위한 충분한 무기다. 이 극적인 변화의 순간을 어떻게 보내느냐가 50대와 60대를 비롯한 인생 후반기의 거의 전부를 좌우한다.

　40대에 가장 신경 써야 할 것 중의 하나는 바로 삶을 바라보는 관점에 대해 공부하며, 그것을 인생 후반기의 탄탄한 세계관으로 만들어나가는 일이다. 기원전 200년대 후반에 활동했던 사상가 순자(荀子)는 그의 저서 『순자』에서 이렇게 말하고 있다.

　　푸른색은 쪽에서 나왔지만 쪽빛보다 더 푸르고,
　　얼음은 물에서 비롯됐지만 물보다 더 차다.

　이른바 스승보다 제자가 더 낫다는 의미를 담은 청출어람(靑出於藍)에 관한 내용이지만, 이는 40대의 새로운 변화가 '과거의 나'보다 '더 나은 나'를 만들어나갈 수 있음을 보여준다. 쪽에서 나왔지만 쪽빛보다 더 푸르듯, 이제까지의 경험에서 출발했지만 그 단계를 높여 지혜로 나아갈 수 있고, 물에서 비롯된 얼음이지만 물보다 더 차갑듯, 과거의 생각들에서 한 걸음 더 나아가 냉철한 통찰로 나아갈 수 있다. 만약 우리가 이것을 해낼 수 있다면, 마흔이 느끼는 어두운 감정은 곧 다가올 밝은 아침의 예고편에 불과하며, 지금 겪는 여러 고통은 곧 떠오를 희망의 전조일 뿐이다.

뜨거운 각성과 격렬한 반항

이 책이 40대의 새로운 변화에 대한 조언을 담고 있다고 해서, 그저 세상에 맥없이 순종하라거나 현실을 인정하라거나 혹은 주변 사람과 싸우지 말고 좋게 좋게 지내라는 등의 내용이 주류를 이룰 것이라고 생각할 필요는 없다. 40대의 새로운 변화는 겉으로는 차분해 보일수 있지만, 오히려 뜨거운 각성이자 매우 격렬한 반항이다.

프랑스의 소설가이자 철학자인 알베르 카뮈Albert Camus는 부조리한 세상에 맞서는 중요한 개념으로 '반항revolt'을 이야기했다. 그가 말하는 반항이란, 청소년기에 부모와 세상에게 하는 거칠고 무모한 것이 아니다. 목적성이 아주 뚜렷하며, 자신의 삶을 재구축하려는 적극적인 시도다. 의미가 없다고 느껴지는 세상 속에서도 자신이 생각하는 삶의 가치를 활발하게 창조하는 일이며, 환경의 변화에 굴복해 도망가는 게 아니라 오히려 한계에 맞서 자신의 자유를 더욱 확대해 나가려는 시도다. 수축과 쇠퇴가 아닌, 상승과 성장의 개념이다. 그러니 40대의 변화는 삶에 떠밀려 어쩔 수 없이 바뀌어야 하는 패배주의적 퇴행이 아니라 치밀하고 스마트하게 삶의 전략을 재수립하는 일이기도 하다.

되돌아갈 수 없다면 후회할 필요도 없다. 모든 것은 오래전에 시작되었고 우리는 이미 첫 번째 산을 넘었다. 어떤 시인은 고개를 꺾어 뒤돌아보는 새는 이미 죽은 새라고 말한 바 있다. 마찬가지로 하염없이 후회의 늪에 사로잡혀 오늘의 시간에 질질 끌려가는 사람은 이미 죽은 사람이나 마찬가지다.

이제 필요한 것은 두 번째 산을 훌륭하게 넘기 위한 생각, 신념, 의지, 철학을 다시 재조정하는 일이다. 이 책이 인생의 첫 번째 산을 훌륭하게 올랐던 당신에게 보내는 찬사이자 이제 막 두 번째 산의 오르막길에 선 당신에게 용기를 북돋아 줄 응원이 될 수 있기를 기대한다. 그래서 머지않은 훗날, "나의 40대는 정말 절호의 기회였어!", "그때 내가 했던 선택이 정말 현명했어!"라고 자랑스럽게 말할 수 있기를 바란다.

이남훈

PART 2

세상은 당신을 흔들지 못한다
당신 스스로 흔들렸을 뿐이다

방향 | 외부의 스포트라이트에 관심을 두지 말고, 내면의 촛불에 의지하라

PART 5

실패란 넘어지는 것이 아니라
넘어진 자리에서 머무는 것이다

동력 | 새로운 환경에서는 새로운 추진력이 필요하다

PART 1

과거의 경험을 버려야
비로소 미래를 탐험할 수 있다

목표

남들을 따라 넘었던 '첫 번째 산'을 뒤로하고
혼자 넘을 '두 번째 산'을 보라

사람들은 각자 마음에서 울리는 북소리에 따라 산다. 어떤 이는 총공세로 울리는 소리에 호응해 세상과 거칠게 싸우듯 살아가고, 또 어떤 이는 잔잔한 울림에 따라 평화롭게 살아간다. 우리가 마음속에 어떤 북소리를 울리냐에 따라 내 삶의 리듬과 분위기도 달라진다.

1800년대에 활동했던 미국의 자연주의 철학자이자 작가인 헨리 데이비드 소로Henry David Thoreau는 이런 말을 남겼다.

"어떤 사람이 동료들과 발맞추지 않는다면, 아마도 다른 북소리를 듣고 있기 때문일 것이다."

마흔이야말로 마음에 반항의 북소리를 울릴 때다. 이제껏 우리는 학교 선생님, 부모님, 자신이 다니던 회사의 사장님이 제시했던 가치와 질서, 목표에 맞게 충실하게 살아왔다. 물론 그 덕에 여기까지 왔고, 주변 사람들과도 함께할 수 있었다. 하지만 삶의 양태는 끊임없이 변화한다. 성인이 된 20대에도 여전히 10대 시절에 추구하던 가치와 사고방식을 고수하며 살아갈 수 없듯, 40대에는 그에 걸맞은 또 다른 가치와 생각이 필요하다. 가장 먼저 삶의 방향성과 목표 자체를 재설정해야 한다. 남에게 어떻게 보일 것이냐로부터 자유로워져, 이제는 인생의 막바지까지 온전히 함께할 나 자신으로서 앞으로의 나를 충실히 가꾸어가야 한다.

반항의 북소리라고 천둥처럼 요란할 필요도 없고, 대단히 특별한 리듬이 필요하지도 않다. 그저 '이제까지와는 좀 다르게 살아야 하지 않을까?'라고 가볍게 생각하는 것만으로도 그 출발은 매우 훌륭하다.

젊을 땐 인간의 질서를 봐야 하지만, 마흔에는 자연의 질서를 봐야 한다

무위자연(無爲自然),
마흔이 받아들여야 할 진정한 삶의 태도

✳ ✳ ✳

"최고의 선(善)은 물과 같고,
물은 만물을 이롭게 하며 다투지 않는다."

마흔에 새롭게 성장하기 위해 가장 먼저 알아야 할 것은 '도대체 마흔이란 어떤 의미일까?'라는 질문에 답하는 일이다. 도대체 이게 뭐길래 사회적으로 '중년의 위기'라고 부르며, 또 왜 수많은 사람이 마흔이 되면 그토록 힘들어할까? 이렇게 근원적인 부분부터 파악하면 마흔에 대응해 훨씬 수준 높은 전략을 짤 수 있다.

대다수의 사람은 너무 갑작스러운 변화가 닥치면 변화 자체를 수용하고 인정하기를 거부한다. 하지만 이렇게 심리적으로 거부하고 받아들이지 않는 시간이 길어질수록, 문제는 더 꼬여간다. 그런 점에서 마흔에 '더 나은 나'를 만들어나가는 문제는 단순히 자기계발의 원칙 몇 가지를 제시하거나 마음을 다독이는 위안 따위로는 해결되지 않는다. 그저 덮고 가는, 잠시 숨죽여 놓는 일에 불과하기 때문이다. 마흔의 문제는 '자연의 질서와 우주의 법칙'에서 시작해야 한다. 너무 거창하고 현실과 동떨어진 이야기가 아니냐고 할 수도 있겠지만, 여기에서 출발하지 않으면 마흔의 문제에 정면 대응할 수가 없다.

혼란을 혼란스럽게 받아들이지 않는 것이 시작이다

마흔에는 일단 자신에게 생긴 변화를 쉽게 받아들이지 못해 문제가 생기기 시작한다. 과거에는 생각해 보지 않았던 변화들이 너무 갑작스럽게 발생하기 때문이다. 이러한 상태를 한마디로 요약하자면 혼란(混亂)이다. 혼(混)에는 '섞인다'는 의미도 있지만, '오랑캐'라는 의미도 있다. 란(亂)은 말 그대로 난리가 난다는 뜻이다. 내가 아닌 것들, 오랑캐 같은 것들이 침투해 많은 것을 엉망진창으로 만들어버린다. 그러니 이러한 상태에 처한 사람에게 불안은 일상적인 심리가 된다. 하지만 우리는 혼란이 지닌 독특한 성질 하나에 주목해야 한다. 누군가 의도적이고 악의적으로 일으키는 것이 아니라면, 자연의 질서 아래 있는 모든 혼란은 긍정적으로 작용한다는 점이다. 혼란은 절대로 지속되지 않으며 또 다른 형태로 자신을 변화시킨다. 따라서 혼란이 없다면 새로움도 없다. 세상과 우주 변화의 원리를 설명한『주역(周易)』에서는 혼란을 변화의 궁극적인 원리이자 새로운 질서로 재편하기 위한 필수적인 과정으로 본다. 혼란이 없으면 새로움도 없으므로, 새로워지기 위해서는 반드시 기존의 질서가 혼란해져야 한다.

마흔에 느끼는 혼란도 마찬가지다. 이는 개개인의 실수로 생겨난 것도 아니고, 누군가가 주입한 것도 아니다. 그냥 그 나이가 되면 자연히 따라오는 것이다. 따라서 너무 불안해하고 두려워할 필요가 없다. 혼란을 혼란스럽게 받아들이지 않는 것만으로도 마흔을 출발하는 자세로서는 부족함이 없다.

무엇을 위한 변화일까?

자연은 인간의 일생에 큰 혼란을 일으키는 장치 두 개를 마련해, 그로써 인간의 삶이 단계별로 재편되도록 설계해 놓았다. 그 첫 번째는 10대에 발생하는 사춘기다. 이 장치는 자의식과 가치관의 형성, 부모로부터의 독립, 적극적인 사회관계의 형성을 통해 앞으로 자신만의 인생을 살아갈 수 있도록 해준다. 당연하게도 이를 통과하는 과정에는 반드시 혼란이 동반된다. 감정 기복이 심해지고, 정체성에 대해 고민하게 되며, 불안감과 스트레스를 느낀다. 충동적이고 반항적으로 변하는 이유도 바로 여기에 있다. 누가 봐도 위태로워 보이지만, 이런 혼란한 시기를 거치지 않으면 독립된 성인으로 성장할 수 없다. 결국 사춘기란 이제까지 부모에게 의지하던 삶에 급격한 혼란을 일으켜 새로운 자신만의 질서를 만들어가는 과정이다.

자연이 인간에게 부여한 두 번째 혼란의 시기는 40대부터 시작되는 갱년기다. 호르몬 분비가 줄어들고, 폐경이 시작되고, 역시 감정 기복이 심해지면서 사회적 고립감을 느끼게 되고, 불안감과 우울감이 생긴다. 죽음에 대한 두려움이 생기는 것도 이 시기부터다. 이러한 두 번째 혼란의 시기 역시 자연이 만들어놓은 자연스러운 장치에 불과하다. 그런데 여기서 우리가 알아야 할 것은 '왜?'라는 이유다. 사춘기야 성인이 되기 위한 과정이라고 해도, 갱년기라는 변화를 통해 자연이 궁극적으로 목표하는 바는 대체 무엇일까?

인간이 자연의 질서를 모두 파악하기는 힘들지만, 그래도 가끔 그 일부를 엿볼 수 있는 연구 결과들이 나온다. 1998년 미국의 인류학자 크리스틴 호크스Kristen Hawkes는 과학 전문지《네이처》에 '할머니 가설grandmother hypothesis'을 발표했다. 그의 궁금증은 여기에서 시작했다.

'모든 생명체는 죽기 직전까지 번식할 수 있고, 번식을 멈춘다는 것은 곧 죽는다는 뜻이다. 하지만 유독 인간은 번식을 멈추는 폐경이 지난 뒤에도 오랜 시간 생존한다. 도대체 왜 그럴까?'

연구를 통해 그는 인간은 다른 동물들과는 다르게 유독 보살핌을 받아야 하는 시간이 길기 때문이라고 결론을 내렸다. 곤충이나 어류는 태어나는 즉시 독립하고, 늑대와 코끼리는 길어야 5년이면 스스로 살아갈 수 있다. 하지만 인간이 스스로 살아가기까지는 아무리 못해도 10년, 일반적으로는 20년이 걸린다. 이런 상태에서 나이가 들어서도 계속해서 아이를 낳게 되면, 새롭게 낳은 아이를 돌보다가 그 전에 태어난 아이가 죽을 가능성이 크다. 자연의 입장에서 보면 기존의 생명이 사라지는 것이므로 여간 불리한 것이 아니다. 따라서 자연은 40대에 작동하는 갱년기라는 장치를 통해 인간의 번식을 강제로 중단시키고 그 이후의 시간은 기존에 태어난 자녀를 돌보며 자녀가 성장하도록 돕는 데 노력을 기울이게 한다.

결국 이때부터 자연이 인간에게 하는 명령은 '번식을 중단하고 주변을 보살피라'다. 이 말을 다시 해석하면, 이제 더 이상 개인적인 성장과 번창만을 꾀하지 말고, 주변과의 조화와 균형을 유지하며, 혼자가 아닌 '함께'의 가치를 실천하라는 이야기이기도 하다. 하지만 설사 이것이 자연의 명령이라고 한들, 우리가 꼭 따라야만 할까?

안 그래도 하루하루 바쁘게 살아가는 우리가 늘 '자연의 명령'을 염두에 두고 살 수는 없을뿐더러, 나이가 들었다고 나의 번창을 순식간에 놓아버리고 오로지 주변인을 위해 헌신하는 삶을 살 수도 없는 노릇이다. 게다가 이러한 자연의 명령을 받아들이지 않아도 충분히 살아갈 수 있을 것처럼 보이기까지 한다. 자신의 의견을 고집하고 주변을 돌보지 않는다고 당장 죽을 날이 더 빨리 다가오는 것은 아니기 때문이다. 더구나 치열한 생존 투쟁이 이어지는 현대인의 일상에서 '조화와 균형'이 웬 말인가. 나만 잘 먹고 잘 사는 것으로 충분하다고 여기며 이기적으로 산다고 법적인 문제가 생기는 것도 아니지 않은가.

그런데 이러한 자연의 질서에는 '깊은 뜻'이 숨어 있다. 보다 본질적으로는 '너를 희생해서 주변을 보살피라'가 아니라, '인생의 후반기를 더 행복하게 보내기 위해서 지금부터 준비를 하라'는 것이다. 나의 인생이 '나 홀로 걷는 여정'이 아니라 많은 사람들과의 관계 속에서 지속되는 여정이라는 것을 깨닫지 못하면 말년에 낭패를 당할 수도 있다는 일종의 경고이기도 하다.

두 지배자의 최후

네덜란드 출신의 세계적 생물학자이자 동물행동학자인 프란스 드 발Frans de Waal은 자신의 책『침팬지 폴리틱스』에서 동물 무리 내 가장 지배적인 수컷을 말하는 '알파 메일Alpha Male'이라는 개념을 제시한다. 집단을 이끄는 힘을 가진 이들은 먹이나 짝짓기에서 우선권을 누린다. 물리적인 힘이 통치의 기반이 되기 때문에 어느 정도 공격적이고 억압적인 성향을 보이는 것은 어쩔 수 없다. 그렇지만 알파 메일이라고 해서 전부 폭력적이거나 억압적으로 무리를 다스리지는 않는다.

책에는 '고블린'과 '아모스'라는 두 알파 메일이 등장한다. 폭력적인 성향을 지닌 고블린은 자신의 이익만 취하며 무리의 일원에게 혜택을 제공하지도, 일원을 보호하지도 않는다. 반면 '아모스'는 무리 내의 약자를 돕고 싸움을 막으며 주변을 돌본다. 여기서 그들의 최후의 모습에 주목할 필요가 있다. 고블린은 점점 힘이 약해지면서 무시당하고 서서히 주변으로 밀리며 애처로운 나날을 보낸다. 그리고 결정적인 순간에 무리들이 달려들자 온몸이 찢기며 최후를 맞는다. 반면 아모스는 노화로 질병에 시달리지만, 최후의 순간까지 무리의 보호를 받는다. 아모스가 죽자 침팬지들은 며칠간 음식을 먹지 않으며 아모스를 추모한다.

이는 침팬지만의 이야기가 아니다. 사실 우리 자신의 이야기이기도 하다. 어차피 모든 사람은 공동체의 삶에서 벗어나기 힘들다. 회사든, 가족이든, 취미를 위한 단체든 전부 마찬가지다. 힘과 경제적 능력에서 인생의 황금기를 누리는 마흔의 시기부터 주변을 돌보고 주변 사람들과 조화롭고 균형 있는 관계를 만들어나가지 않는다면, 결국 고블린의 최후가 나의 최후가 된다. 대기업의 '회장님'이든, 군대의 '장군님'이든 상관없다. 어차피 모두가 인생의 첫 번째 산에서 내려와 두 번째 산으로 향해야만 한다. 40대가 그 시작이다. 이때부터 인생의 후반기를 준비해야 한다는 것이 바로 자연이 갱년기를 통해 우리에게 하는 명령이다.

마흔, 이제는 멈춰야 할 때다

동양 고전에서는 이러한 40대의 새출발에 대한 분명한 기준을 무위자연(無爲自然)으로 제시하고 있다. 『도덕경(道德經)』 8장에는 이렇게 실려 있다.

> 물은 만물을 이롭게 하면서도 다투지 않고 모두가 싫어하는 곳에 자신을 둔다. 그러므로 물은 도(道)에 가깝다. (…) 착

하고 어진 사람과 사귀고, 말에는 신뢰가 있고, 다스릴 때는 바르게 한다. 일을 할 때는 최선을 다하고, 때를 가려 움직인다. 다투는 일이 없으니 허물을 남기지도 않는다.

학문적 차원에서 논하는 도(道)는 분명 무척 어려운 개념이다. 그러나 일상의 차원에서 도는 별로 어려운 것이 아니다. 자신을 앞세우는 것이 아니라 주변을 이롭게 하고, 신뢰를 구축하며, 다투지 말고, 허물이 될 만한 행위를 하지 말라는 것이다.

『논어(論語)』에도 비슷한 조언이 있다.

소인은 이익을 먼저 따르고, 군자는 의로움을 먼저 따른다.

자신만의 번창을 버리고, 모두가 함께하는 가치를 따르라는 이야기다. '할머니 가설'의 내용과 크게 다르지 않다.

마흔은 급격한 신체 변화가 시작되는 시기다. 자연이 인간을 괴롭히기 위해 그러는 것은 아니겠지만, 호르몬 분비가 줄고, 노안이 오고, 피부가 노화되는 것은 '이제는 멈추라'는 의미가 아닐까. 외형에 얽매이지 말고 내면으로 들어가라는, 자신을 덜어내고 좀 더 성숙한 인격을 갖추라는 의미 말이다. 그래서 마흔의 혼란은 새로운 삶의 질서를 세우는 시작점이기도 하다.

태어난 날을 기념하지 말고,
왜 사는지 깨달은 날을 기념하라

호가호위(狐假虎威), 등 뒤의 호랑이가 사라질 때면
마음속에 매화나무를 심어야 한다

❋ ❋ ❋

"저 매화 화분에 물을 주어라."

나이가 들면서 '인생의 의미'를 다시 묻는 사람이 적지 않다. 그들은 기껏해야 이 정도의 돈을 벌려고 살아왔던가, 고작해야 이 정도의 위치에 오르기 위해 그토록 고군분투해 왔는가 생각하면서 종종 허무감과 무력감을 느끼곤 한다. 설사 자신이 목표했던 돈을 벌고, 일정한 위상을 획득했다 해도 사정은 크게 달라지지 않는다. 오히려 야망을 이루기 위해 옆도 돌아보지 않는 사람일수록, 그래서 일정한 단계에 이른 사람일수록 갑자기 당혹감을 느낄 가능성이 크다. 하지만 우선 알아두어야 할 점은, 정신과 의사들은 마흔 이후의 이런 상태를 지극히 정상적이라고 진단한다는 것이다. 마흔이란 세상에서 말하는 성공이란 것을 해봐도 과연 그 정도의 가치가 있나 하는 생각이 들고, 성공을 하지 못했으면 또 그것대로 이루지 못한 꿈을 놔주어야 하나 싶은 나이이기 때문이다.

이럴 때 우리에게 절실하게 필요한 것이 바로 '태세 전환'이다. 이익에 따라 매우 약삭빠르게 변화하는 모습을 말하는 이 태세 전환은 사실 마흔이 반드시 지녀야 할 최강의 덕목 중 하나다. 실제로 얼마나 빠르게 태세 전환을 하느냐에 따라 어떤 기분을 유지하고, 어떤 삶을 살아갈 수 있을지가 결정된다. 그중에서도 가장 중요한 것은 이제 남들이 보는 '특별하고 대단한 나'가 아니라 '나 자체로서 특별한 나'가 되어야 한다는 점이다.

호랑이가 사라진 뒤의 여우

젊은 시절의 우리는 모두 자신의 인생이 그래도 좀 대단하고 특별한 것이 되어야 하지 않겠냐는 생각으로 살아간다. 지금 열심히 일해서 내 분야에서 탁월하다는 이야기를 듣고, 나이가 들어서는 그것을 기반으로 삼아 또 한 번 높이 비상(飛上)해 안정적인 삶을 얻기를 꿈꾸곤 한다. 그런데 이러한 과정 전반에서 나를 이끌어나가는 것은 다름 아닌 외부의 조건들이다. 학창 시절에 공부하면서, 사회생활 초·중반기에 일하면서 획득한 외부적인 조건들이 미래에 대한 전망 전체를 결정짓는다. 중요한 것은 여기에 '순수한 나 자신'은 온전히 빠져 있다는 점이다.

이러한 삶의 모습을 잘 보여주는 고사성어가 바로 여우가 호랑이의 힘을 빌려 위세를 부린다는 의미의 호가호위(狐假虎威)다. 기원전 5세기에 집필된『전국책(戰國策)』에 이런 이야기가 나온다.

어느 날 여우 한 마리가 호랑이에게 잡혔다. 생명의 위협을 느낀 여우는 호랑이에게 이렇게 말했다.

"하느님께서 나를 모든 짐승의 왕으로 임명했네. 만일 나를 잡아먹으면 하느님의 명령을 어긴 것이 되네. 내 말을 믿지 못하겠거든 나를 따라와 보게. 나를 보면 그 어떤 짐승이라도 두려워서 달아날 것이네."

혹시 몰라 호랑이는 정말로 여우의 뒤를 따라가 보았다. 그런데 정말로 만나는 짐승마다 뒷걸음질 치면서 물러나는 것이 아닌가. 결국 호랑이는 여우의 말을 믿게 되었고, 여우는 무사히 도망갈 수 있었다.

호가호위는 자신보다 더 큰 권력자의 이름을 팔아 자신의 개인적 이득을 취할 때 사용하는 말로 오늘날 정치권에서 많이 쓰이곤 한다. 또한 호가호위는 우리가 살아가는 방식이기도 했다. 우리는 집안, 돈, 학력, 회사의 위세에 자신을 태워 마치 그것이 본연의 자신인 양 내세우곤 해왔다. 심지어 자신이 사는 동네와 아파트의 이름, 자신이 타는 자동차 브랜드, 심지어 자녀가 다니는 학교 이름조차 자부심과 자랑거리로 삼기도 했다. 물론 이것이 나쁘다는 의미는 아니다. 여우도 살아남기 위해 어쩔 수 없이 호가호위를 해야 했듯, 우리도 살아남으려면 내가 획득한 외부의 자원을 최대한 활용해야 했을 테니 말이다. 하지만 호랑이가 사라지고 나면 여우는 다시 초라해진다. 외적인 조건이 약화될 즈음 순수한 본연의 나만 남으면 다소 황망한 상태, 무력감과 허무감에 시달리는 상태에 처하게 되는 것이다.

달라이 라마의 대답

이러한 무력감과 허무감의 대척점에는 특별하고 대단해지고 싶은 욕망이 있다. 이 둘은 일종의 시소 관계다. 한쪽이 높아지면 한쪽이 낮아지고, 한쪽이 내려가면 한쪽은 올라간다. 따라서 현재 무력감과 허무감이 강하게 든다면, 그만큼 특별하고 대단해지고 싶었던 마음이 꺾여서라고 볼 수 있다. 하지만 우리는 특별함과 대단함을 추구하는 데서 완전히 벗어나기 힘들다. 이는 마음의 불꽃과도 같아서 활활 타오르지 않으면 인생을 전진시킬 힘을 잃게 된다. 다만 이제는 그 불꽃을 조금 줄여야 한다. 너무 세게 타오르면 내가 견디지 못하고, 아예 꺼지면 살아갈 힘이 없으니, 중간불이나 약불로 바꿔서 나를 보호하자는 의미다.

일단 물리적으로도 우리 개개인의 삶은 대단하거나 특별한 것이 아니다. 인구학자 칼 하우프Karl Haub은 기원전 5만 년부터 현대까지 태어난 사람의 숫자를 최대 1200억 명으로 추산했다. 그러니 결국 나라는 존재는 자연계에 태어난 '1200억 개의 생명 중 하나'일 뿐이며, 모든 생명이 단 하나도 예외 없이 사라지듯, 나 역시도 무형으로 되돌아갈 뿐이다. 이 말은 '당신은 하찮은 존재이니, 하찮게 살아도 괜찮아'라는 의미가 아니다. 우리 모두가 다 소중하기는 하지만, 대단하게 태어난 것도 아니고 특별해질 필요도 없으니 너무 부담 갖지 말고 살라는 의미다.

달라이 라마Dalai Lama는 티베트의 최고 불교 지도자로 많은 이들의 존경을 받는 인물이다. 전 세계에 걸쳐 수많은 강연을 다니면서 지혜를 전파하기도 한다. 그의 강연에는 가르침을 받으려는 사람들이 구름처럼 몰려온다. 아주 어렵게 질문을 할 수 있게 된 사람은 엄청난 기대감을 품고 질문을 하고, 청중들은 과연 그가 어떤 답을 할지 초긴장하며 귀를 기울인다. 그런데 달라이 라마는 가끔씩 이렇게 말한다.

"나도 몰라요."

이때 강연장은 순식간에 웃음바다가 되고, 달라이 라마 역시 미소를 짓는다. 이러한 장면을 자주 목격한 한 명상 지도자는 이를 이렇게 해석한다.

"달라이 라마가 의도했든 의도하지 않았든 간에 이러한 모습은 분명 효율적인 가르침을 준다. 그 순간 사회가 우리에게 부과했던 수없이 많은 개념, 관념적 생각이 순식간에 날아가기 때문이다."

가끔은 사회가 나에게 요구했던 특별함과 대단함이라는 관념을 날려버려 보자.나의 마음에도 순식간에 웃음이 퍼지며, 인생에서 느꼈던 무력감과 허무감이 먼지처럼 날아가 버릴지 모르니.

극한의 희소성을 지닌 개인들

가끔 "나를 소중하게 생각하자"라거나 "진정한 나를 만나야 한다"라는 말을 듣곤 한다. 일견 매우 중요한 말인 것 같지만, 이를 실질적으로 체감하기란 쉽지 않다. 하지만 희소성의 개념으로 생각하다 보면 나 자신이 얼마나 특별하고 소중한지 알 수 있다.

경제학에서 재화나 가치의 형성에 매우 중요한 영향을 미치는 것은 바로 희소성이다. 부족해서 공급이 잘되지 않으니 가격이 올라가고 가치가 크게 매겨진다. 금이나 다이아몬드가 그토록 가치가 높은 것도 희소성 때문이다.

헤르만 헤세Hermann Hesse의 소설 『데미안』의 서두에는 다음과 같은 말이 나온다.

"모든 사람은 자기 자신 그 이상이다. 오직 한 번뿐인, 완전히 특수한 자기 자신이다. 세계의 현상들이 이 시간 속에서 딱 한 번씩만 교차하며, 그런 다음 다시는 절대로 반복되지 않는다."

희소성의 차원에서 바라본다면 우리 모두는 각자 인류 역사상 절대로 반복되지 않을 '극한의 리미티드 버전'이며 '궁극의 스페셜 에디션'이다. 딱 한 명만 태어나고 다시는 태어나지 않을 인간. 아무리 자연의 능력이 대단하다고 하더라도 절대로 복제할 수 없는 존재다. 쌍둥이가 있다고는 하지만 정신과 마음까지 똑같이 형성되지는 않는다. 이 정도면 가히 희소성 차원에서는 타의 추종을 불허하며 금과 다이아몬드 따위는 바닷가 모래알의 가치나 될까 싶을 정도다.

우리는 특별해지고 대단해지고 싶은 마음이 있어서 특별해지고 대단해지는 것이 아니라, 그 자체로 극한의 특별함과 대단함을 지니고 있다. 나는 그 육체의 주인이며, 내 육체는 그런 나의 그릇이다. 그것을 어떻게 다듬고 빛나게 할지는 오로지 나 자신에게 달려 있다. 그러니 무력감과 허무감으로 낭비하는 1분 1초가 아까울 따름이다.

우리는 매년 돌아오는 생일을 축하한다. 하지만 나이가 들면 그 생일에도 심드렁해진다. 이룬 것은 없고, '이룬 것도 없는데 나이만 들어간다'는 푸념만 나온다. 하지만 진짜 생일은 내가 태어난 날이 아니라, 나의 특별함을 깨닫는 날이다. 매일 나의 특별함을 깨닫고 그 소중함을 가슴에 품고 살아간다면, 매일이 축하해야 할 생일일 것이다.

젊다고 지혜롭지 말라는 법은 없지만, 지혜는 반드시 나이를 동반한다

노성지인(老成之人),
지혜로워지려면 반드시 나이가 들어야만 한다

✲ ✲ ✲

"작은 지혜는 큰 지혜를 따를 수 없고,
작은 나이는 큰 연세에 미치지 못한다."

점차 나이가 들어가면서 왠지 모르게 과거에 가졌던 것들을 계속 해서 빼앗긴다는 느낌이 든다. 근육이 줄어든다고 하고, 뇌세포도 줄어든다고 하고, 신진대사량도 줄어든다고 하니 말이다. 거기다가 실제 기억력이 떨어지는 것까지 느껴지니, 지금이 온통 잃고 마는 '상실의 시대'처럼 여겨진다. 그뿐만 아니라 시간이 흐르면서 이러한 현상이 가속화된다고 하니 마음이 편치 않다. 행동경제학에서는 이를 손실 회피 편향loss aversion bias이라고 한다. 이익에서 얻는 기쁨보다는 손실에서 얻는 고통이 훨씬 더 크게 느껴지는 심리다. 마흔은 바로 이런 손실 회피 편향이 본격적으로 작동하는 나이라고 할 수 있다. 미디어에서도 청춘은 밝고 찬란하게 묘사되는 반면, 중년은 낡고 힘 빠진 모양새로 그려진다.

그렇다면 이제 남은 인생에서는 계속 빼앗기다가 결국 전부 다 털리고 빈손이 되어버리는 걸까? 동양 고전에서는 '일방적인 것은 존재하지 않는다'고 말한다. 줄어드는 것이 있으면 반드시 늘어나는 것이 있고, 사라지는 것이 있으면 반드시 새로 등장하는 것이 있다는 것이다.

지혜의 조건, 나이

고전에서 이해하기 쉽지 않은 개념이 바로 허(虛)나 공(空), 무(無)와 같은 것들이다. 우리의 현실에서 이런 것들은 결핍과 부족으로 인식되기 때문에, 끊임없이 풍요로움을 추구하는 내 삶에 그다지 유용하지 않은 것으로 여겨진다. 그러나 비워지고 빠지고 난 빈 공간에는 반드시 새로운 것이 들어찬다. 사람에 대한 기대감을 내려놓자 오히려 관계가 더 좋아지거나, 욕심을 제거하자 마음에 평화가 생기는 것과 같은 이치다. 마이너스(-)는 플러스(+)를 부르고, 반대로 플러스는 또다시 마이너스를 유발한다.

이러한 역동의 관계는 마흔이라는 나이 자체에도 똑같이 적용된다. 많은 사람이 나이가 들면서 적지 않은 것에 대한 상실감과 손실감을 느끼지만, 반대로 역동적으로 늘어나는 것도 있다. 바로 세상을 살아가는 지혜다. 물론 나이 든 사람 모두가 다 지혜롭지는 않고, 또 젊다고 지혜롭지 말라는 법도 없다. 하지만 나이가 들어간다는 것, 특히 마흔의 나이를 통과한다는 것은 지혜로워질 수 있는 매우 탁월한 조건임에 틀림없다.

조선 시대 실학자 윤기(尹愭)가 지은 사회 평론집인『무명자집(無名子集)』에는 노성지인(老成之人), 즉 나이가 들어서 성숙한 사람에 대한 이야기가 나온다.

예로부터 도(道)가 있는 시대에는 모두 노성(老成)한 인물을 임용하였다. 연세가 많고 덕이 이루어져서 공경하고 믿어 그 사람을 의지할 수 있기 때문이다. 작은 지혜는 큰 지혜를 따를 수 없고, 작은 나이는 큰 연세에 미치지 못한다. (⋯) 덕의 노성함은 모두 나이의 노성함과 관계가 있는 법이니, 나이가 노성하지 않은데 덕이 노성한 자는 드물기 때문이다. 노성한 덕을 가진 사람을 찾고자 한다면 반드시 노성한 연세를 지닌 분 가운데서 찾아야 할 것이니, 이렇게 보면 덕은 실로 버릴 수 없거니와 나이 또한 존중하지 않을 수 없다.

이 글에서 보면 나이는 무언가를 원숙하고 노련하게 하고자할 때 필수불가결한 조건이다. 된장과 간장이 맛있어지기 위해서는 반드시 오랜 세월이 흘러야 하듯, 사람도 노성의 과정을 거쳐야만 덕과 지혜를 갖출 수 있다. 그러니 우리는 나이가 들어간다는 것을 반드시 상실이나 손실과 직결시킬 필요가 전혀 없다. 비록 물리적인 나이가 많아지면서 잃는 것도 많아질지 몰라도, 지나간 세월에서 얻어진 결과물들은 반드시 더 우리를 채워나갈 것이기 때문이다.

사람을 꿰뚫어 보는 사람, 중년

나이 든 사람은 곧 '지혜로운 사람'과 동일시되는 경우가 많다. 『한비자(韓非子)』에 나오는 노마지지(老馬之智)라는 말이 대표적이다. 춘추시대 제나라 병사들은 추운 날씨에 더 이상 전쟁을 이어나가지 못하고 철수하기로 했지만, 낯선 곳이라 길을 헤매기 시작했다. 이때 늙은 말 몇 마리를 앞장서서 걷게 하자 말들이 마침내 옳은 길을 찾아내 무사히 회군했다. 노마지지는 이 같은 상황에서 유래된 말로 늙은 말이 지혜롭다는 의미지만, 이는 사람에게도 그대로 적용된다.

월하노인(月下老人)이라는 명칭에서도 나이 든 사람의 지혜를 엿볼 수 있다. 당나라의 위고(韋固)라는 사람이 여관에 들렀다가 달빛 아래에서 책을 읽고 있는 노인을 보았다. 그 노인은 자신이 가진 붉은 실로 남녀의 발을 묶어주기만 하면 두 사람이 결국에는 부부로 결합한다고 말했다. 그리고 실제로 위고 역시 이 월하노인이 정한 운명에 따라서 훗날 아내를 얻었다. 이 이야기에서 '달빛 아래의 노인'이라는 뜻의 월하노인은 '중매쟁이'를 의미하는 말로 쓰였지만, 여기에서도 노인이 지닌 지혜의 단면을 엿볼 수 있다. 사람의 성격과 마음을 꿰뚫어 보지 못하면 중매쟁이의 역할을 충실하게 할 수 없기 때문이다.

현대 과학 역시 나이는 지혜와 매우 관련이 깊다는 사실을 증명하고 있다. 《뉴욕타임스》의 의학 및 건강 전문 기자인 바버라 스트로치Barbara Strauch는 『가장 뛰어난 중년의 뇌』라는 책에서 중년에는 두뇌 능력이 최고치에 달하며, 그 결과 인생 전반에서 가장 뛰어난 선택과 결정을 할 가능성이 높아진다고 했다.

"중년이 되면 우리는 오랜 세월에 걸쳐 실세계에서 진짜 사람들과 함께한 경험들이 풍부해질 뿐만 아니라, 인간 세상을 향해하는 데 전념한 뇌세포도 놀라울 정도의 내구성을 보인다. 각종 스캔 연구를 보면, 이마 겉질 중 감정적 통제를 많이 다루는 부위는 뇌의 다른 부위들보다 노화에 따른 위축 속도가 느리다. 그리고 우리가 옳은 결정을 하도록 도와주는 것은 바로 감정적 통제력, 정신적 기량, 인생 경험의 혼합물이다."

미국 시애틀에 있는 한 연구소에서는 1950년대부터 약 7년마다 6,000명을 대상으로 뇌 인지 능력을 검사했다. 그 가운데 어휘, 언어 기억, 공간지각, 추리 능력에서 최고의 성과를 나타내는 나이는 45세부터였다. 또 다른 연구에서도 중년에 들어서는 사람들은 더 책임감 있고 더 단호해졌으며, 이는 마흔에서 시작해 50대 초반에 절정을 이루었다는 사실이 밝혀졌다.

중년의 위기가 강조되는 이유

이제껏 우리는 나이가 들어가는 것에 대해 지나치게 한쪽 관념만을 억지로 강요받아 온 건 아닐까? 동양 고전만 해도 나이는 '지혜로움의 필수조건'이라고 하며, 현대의 과학적 연구 결과를 봐도 중년에 뇌의 기능은 최고조에 달하는 데 말이다. 그렇다면 왜 우리는 나이 먹는다는 것을 쓸쓸하다거나 허무하다고 인식하는 것일까?

이러한 문제에 관심을 기울였던 사람이 있다. 바로 영국 켄트대학교의 벤 허친슨Ben Hutchinson 교수다. 유럽 문학을 연구하는 그는 '중년의 위기'라는 담론이 최초로 설파되기 시작한 시점을 1965년으로 특정하며, 당시 엘리엇 자크Elliott Jaques라는 캐나다의 한 정신분석학자가 쓴『죽음과 중년 위기Death and the Midlife Crisis』라는 에세이를 지목한다. 여기에서 최초로 나이와 관련한 불안, 위기, 두려움, 상실이라는 개념이 나왔다는 이야기다. 이 에세이에는 이런 내용이 등장한다.

"서른다섯 살이 되면 개인은 인생의 정점에 도달하며, 그 앞에는 죽음으로 끝나는 내리막길이 펼쳐져 있음을 알게 된다. 이로 인해 위기가 발생하며, 이는 사람마다 강도가 다르지만, 결국 자신의 죽음을 받아들여야 한다는 현실과 연결된다."

딱히 완전히 틀린 말이라고 보기는 어렵지만, 그렇다고 서른다섯 살 이후를 '죽음으로 끝나는 내리막길'이라고 표현한 것은 어딘가 과도하다는 생각이 들지 않을 수 없다. 문제는 이러한 결론을 내리게 되는 그의 연구 방법에 있다.

캐나다 정신분석학자는 당시 젊은 예술가들이 점점 나이가 들고 중년이 되면서 사물을 좀 더 음침하게 표현한다는 사실에 주목했다. 그리고 바로 이러한 변화를 설명하기 위해 '중년에는 위기가 온다'고 이야기했다. 사실 상식적으로 생각해 보면 이런 식의 연구 방법을 받아들이기는 쉽지 않다. 그저 일군의 예술가의 표현법이 '음침해졌다'는 이유만으로 과연 그것이 나이에 따른 위기라고 볼 수 있을까? 더구나 예술가의 정신세계에서는 1+1=2와 같은 상식이 잘 적용되지 않기도 한다. 그러니 '표현법이 음침해졌으니 중년에는 위기가 온다'는 사실은 온전한 타당성을 갖추기 어렵다.

실제로는 나이가 들어가는 예술가 중에서 오히려 삶을 더 밝고 희망차게 그리는 사람이 많다. 자신의 귀를 자른 자화상을 그려 '우울한 예술가의 대명사'가 된 빈센트 반 고흐Vincent van Gogh 역시 말년 작품은 색채가 훨씬 더 밝고 강렬하다. 비록 그의 내면 자체는 불안했다 하더라도, 그것이 곧 표현법으로 직결되지는 않았다.

또 일군의 전문가들은 '중년의 위기'라는 담론이 상술과 연결된 것이 아니냐는 견해를 피력하기도 한다. 요약하자면, 칙칙한 중년에서 벗어나 꽃중년이 되기 위해서는 피부 관리 제품도 사고, 세련된 옷도 구매하고, 더 멋진 차도 사야 한다는 논리다. 중년을 자꾸만 위기라고 강조해야 이 시기에 들어선 사람들이 돈을 더 많이 쓸 테니 말이다.

물론 중년의 위기에 관한 담론이 상술에 이용된다 하더라도, 중년에 신체적인 위기가 없다거나 관리할 필요성이 사라지는 것은 아니다. 다만 그 부분을 너무 강조하는 것은 분명 어떠한 의도가 있다고 보지 않을 수 없다.

그러니 중년의 삶 전체를 암울하다거나 '상실의 시대'라고만 볼 필요는 없다. 우리가 반드시 알아야 하는 것은 분명 마이너스가 있으면 플러스가 있으며, 비워지는 것이 있으면 채워지는 것도 있다는 점이다. 어차피 '물이 반밖에 없네'와 '물이 반이나 있네'는 같은 말이다. 어떻게 표현하든 현실이 바뀌지는 않는다. 다만 '반이나 있네'라고 표현했을 때에는 훨씬 희망을 가질 수 있다. 중년을 '상실의 시대'로 보지 말고, '채움의 시대'로 바라보자. 그러면 좀 더 힘을 낼 수 있을 것이다.

내가 흙탕물이면 사람들은 발을 씻고, 내가 맑은 물이면 소중한 것을 씻는다

현동(玄同), 마흔이 도달해야 할
천하의 귀한 차원

✲✲✲

"지혜의 빛을 거두어들이고 은은하고 먼지가 가라앉은 것처럼 잔잔해지면, 이를 현동(玄同)이라고 한다."

나이가 들수록 품격을 갖춰야 한다는 말은 많지만, 과연 여기에서의 품격이 정확하게 무엇을 지칭하는지 직관적으로 이해하기란 쉽지 않다. 우아해 보이거나 도도해 보이는 것, 혹은 젊잖아 보이는 것을 품격이라고들 하지만 이런 것들은 남들에게 보이는 이미지일 뿐, 나의 현실적인 삶에 구체적으로 어떤 도움이 되는지도 잘 모르겠다. 하지만 진정한 품격을 찾아나가다 보면, 이것이 삶의 다방면에서 쓰임새가 있는 일종의 방패막이 되어준다는 사실을 알게 된다. 품격이 있다는 것은 약점을 잘 드러내지 않는다는 뜻이므로 공격받을 일이 줄어들고, 품격을 갖춤으로써 자신의 사회적 위상을 높일 수 있으니 사람들이 함부로 무시하지 못하게 된다. 그래서 품격이란 단지 우아하거나 젊잖아 보이는 이미지가 아니라 현실적으로 나에게 많은 이익을 가져다주는 덕목이다. 더 나아가 품격은 외모로 갖춰지거나, 뭔가가 있어 보이는 손짓이나 표정으로 완성되는 것도 아니다. 내가 원하면 얼마든지 경제적으로 갖출 수 있으며, 굳이 억지로 습관을 들일 필요도 없다. 다만 품격이 정확하게 무엇을 의미하는지 알아야만 품격을 내 것으로 만들 수 있다.

구름 위를 걷는 사람들

일단 품격 있는 사람에 대한 이미지를 한번 떠올려보자. 가장 대표적인 것이 조선 시대 양반집의 규수나 선비, 혹은 서양 중세 시대 귀족의 모습이다. 멋지고 우아한 옷을 입고 행동도 매우 고급스러워 보이는 이들에게는 사실 그보다 더 큰 생활상의 공통점이 있다. 바로 지나치게 현실에 발을 담그고 있는 것처럼 보이지 않는다는 점이다. 식사 준비나 청소는 모두 하인들이 하니 비지땀을 흘릴 일도, 손에 물을 묻힐 일도 없다. 거기다가 저잣거리에서 돈 몇 푼 벌겠다고 악다구니 쓸 필요도 없다. 어떤 면에서 보면 괴롭고 처절한 현실에서 벗어나 마냥 구름 위에서 폭신폭신 걸어가는 모습 같기도 하다. 이러한 이미지에서 추출할 수 있는 한 가지 키워드는 바로 '거리감'이다. 현실과 일정하게 거리를 두고 살아가는 이런 사람들은 우리에게 '품격 있는 사람'처럼 보인다. 젊은 시절을 보내는 사람들에게 품격을 논하기가 어려운 이유도 바로 여기에 있다. 젊음은 세상과 거리를 두고 살아가야 할 시기가 아니다. 두 손 두 발만이 아니라 몸 전체를 세상에 푹 담그면서 그 안에서 어울리고 치대면서 살아가야 한다. 그러니 거리감이 핵심인 품격을 느끼기가 쉽지 않다.

그렇다면 실제 현실을 살아가는 우리들에게도 이렇게 거리감을 주요 키워드로 하는 품격이라는 것이 도움이 될 수 있을까? 조선 시대도 아니고 중세 시대도 아닌 오늘날 우리가 살아가는 현대사회에서도 여전히 이 품격이 의미가 있을까? 이를 느껴보기 위해 품격과는 완전히 정반대에 있는 밉상의 경우를 살펴보자. 밉상은 미워 보이는 점이 많아서 남들에게 사랑받기 힘든 사람이지만, 좀 더 본질적인 차원에서 보자면 약점이 많은 사람이기도 하다. 지나치게 자기 이익에 민감한 밉상은 스스로 이익에 휘둘린다는 약점을 여과 없이 보이고, 그 누구에게라도 지지 않으려고 싸움도 마다하지 않는 모습을 통해 여유와 배려가 없음을 고

스란히 노출한다. 이러한 약점과 단점이 점차 낱낱이 파악되어, 결국 주변 사람들에게 밉상 취급을 받게 되는 것이다.

현동, 오묘하게 같은 차원

품격 없는 밉상들이 천한 대우를 받는 것은 사실 스스로가 자초한 일이다. 본인은 '도대체 다들 나한테 왜 이래?'라고 화를 낼 수도 있겠지만, 동양 고전은 그 생각이 틀렸다고 말한다.

　고대 문학 작품집인 『초사(楚辭)』의 「어부사(漁父辭)」에는 굴원(屈原)이라는 사람이 등장한다. 그는 모함을 받아 벼슬에서 쫓겨나 고향으로 돌아왔다. 처량한 마음을 달랠 길 없어 쓸쓸한 얼굴로 강가를 거닐던 중 자신을 알아본 한 늙은 어부를 만났다. 어부가 어떻게 이런 거지꼴이 되었냐고 묻자 굴원은 이렇게 대답했다.

　　온 세상이 흐린데 나만 홀로 맑았으며, 뭇사람이 모두 취했을 때 나만이 홀로 깨어 있었습니다. 그래서 벼슬에서 쫓겨난 것입니다. 새로 머리를 감은 사람은 반드시 갓을 털고, 새로 몸을 씻은 사람은 반드시 옷을 텁니다. 차라리 강에 빠져 물고기 뱃속에서 장사를 지내는 한이 있더라도, 어떻게 깨끗한 몸으로 세상의 먼지를 뒤집어쓸 수 있겠습니까?

그러자 어부가 말했다.

강물이 맑으면 내 갓끈을 씻고, 강물이 흐리면 내 발을 씻는 법이오.

노인의 선문답 같은 대답은 한마디로 '네가 흙탕물이니까 사람들이 더러운 발을 씻는 것이지, 네가 만약 맑은 물이면 비교적 깨끗한 갓끈을 씻지 않았겠어?'라는 의미다. 비록 굴원은 스스로 충신이라고 생각했겠지만, 그건 그만의 생각일 뿐 세상 사람들의 평가는 다를 수 있다. 어떤 면에서 보면 이러한 '굴원의 패러독스'는 우리 모두에게 일어날 수 있다. 나의 행동과 말이 사람들에게 나의 의도와는 전혀 상관없이 비쳐질 수도 있다는 이야기다. 이럴 때 해결사로 등장하는 것이 바로 거리감을 통해 품격을 높이는 일이다. 일정한 간격을 두고 떨어져 있으면 사람들은 어떻게 대해야 할지 잘 몰라 함부로 대하지 못한다. 다만 여기에서의 거리감은 연락을 드물게 한다든지, 친밀감은 줄이는 것과 같은 행동이 아니다. 그러한 행동은 단지 사람과 멀어지게 할 뿐, 품격과는 전혀 상관이 없다.

『도덕경』은 '천하의 귀한 사람'이란 이렇다고 말한다.

> 날카로운 것을 무디게 하고, 복잡하게 얽힌 것을 풀어주고,
> 지혜의 빛을 거두어들여 은은하고 먼지가 가라앉은 것처럼
> 잔잔해지면, 이를 현동(玄同)이라고 한다. 이런 사람은 가까
> 이 할 수도 없고 멀리할 수도 없으며, 이롭게 할 수도 없고
> 해롭게 할 수도 없다. 귀하게 할 수도 없고 천하게 할 수도
> 없다. 그러므로 천하에서 가장 귀한 사람이 된다.

먼지처럼 잔잔한 사람이 정말로 천하에서 가장 귀한 사람이
될 수 있을까? 여기에서 들여다봐야 할 것이 바로 현동(玄同)이라
는 개념이다. 이 글자는 '심오하다'는 의미의 현(玄), '동일하다'는
의미의 동(同)이 합쳐진 말이다. 한마디로 '심오한 차원에서 같은
것이다'라는 의미로 보면 된다. 노자는 이와 같은 의미에서 날카
롭지 않은 사람, 복잡하지 않은 사람, 지혜의 빛을 과하게 드러내
지 않는 사람이야말로 심오한 차원에서 진짜 귀한 사람이라고 말
한다.

예를 들어 지혜는 좋은 덕목이지만 지나치게 드러내면 질투
의 대상이 되며, 자신의 약점을 드러내는 꼴이 된다. 그러니 우매
해 보이는 것이 차라리 지혜롭다. 지나치게 날카로운 사람은 남

들에게 일일이 간섭하고 말도 너무 거칠게 한다. 그러다 보면 분노의 대상이 되니 마찬가지로 자신의 약점을 스스로 드러내는 것이나 마찬가지다. 결과적으로 날카롭고 복잡하고 지혜로워 보이는 것에서 일정한 거리를 두어야만 가까이 할 수도 멀리할 수도 없는 천하의 귀한 사람, 품격 있는 사람이 될 수 있다. 바로 여기에서 유래한 말이 '빛을 부드럽게 하고 먼지와 같아진다'는 의미를 지닌 화광동진(和光同塵)이다.

질척거림에서 벗어나게 해주는 거리감

이러한 거리감을 통해 품격을 유지하는 것은 타인과의 관계에서 나를 방어하는 방패가 되며, 내 삶에 침투하는 여러 불안 요소를 방어하는 데에도 큰 도움이 된다. 유시민 작가는 『어떻게 살 것인가』라는 저서에서 이렇게 이야기한다.

"세상에 대해서, 타인에 대해서, 내가 하는 일에 대해서, 그리고 나 자신에 대해서도 일정한 거리감을 유지한다. 나는 좋은 세상을 원하지만 그 소망이 이루어지지 않는다고 해서 세상을 저주하지는 않는다. 좋은 사람들을 사랑하지만 무조건적이고 절대적인 사랑을 믿지는 않는다. 내 생각이 옳다고 확신하는 경우에도 모두가 그것을 받아들여야 한다고 주장하지는 않는다. 내가 하는 일들은 의미가 있다고 믿지만, 그건 어디까지나 내 생각일 뿐임을 인정한다. 삶이 사랑과 환희와 성취감으로 채워져야 마땅하지만 좌절과 슬픔, 상실과 이별 역시 피할 수 없는 삶의 한 요소로 받아들인다."

기대가 크면 실망도 크기 마련이다. 누군가와 가까워지고 싶은 마음에 섣불리 다가갔더니 상대방은 거리를 유지하려 한다면 크게 실망하게 되는 것도 마찬가지다. 그리고 이 거리감을 억지로 좁히려 하다 보면 내 삶의 주도권은 상대방에게 넘어가고 나는 그 사람의 손바닥 위에서 안달복달하면서 춤추게 된다. 세상에서의 질척거림에서 벗어나 고고한 품격을 유지할 수 있는 핵심에는 거리감이 있다. 조선 시대 규수와 서양 귀족들처럼 구름 위는 걷는 듯한 삶의 태도를 갖추면 그 누구에게도 밉상이 되지 않고, 내 자신도 휘청이지 않을 수 있기 때문이다.

다만 이러한 거리감을 '나만 혼자 잘 살아보자'라고 해석할 필요는 없다. 미국의 방송인이자 영향력이 강한 인플루언서인 오프라 윈프리Oprah Winfrey는 한 토크쇼에서 "자녀가 필요한 것보다 어머니가 필요한 것을 먼저 하라"라는 말을 한 적이 있다. 하지만 이 말에 한 여성 청중이 몹시 언짢아하며, 아이가 먼저지 어떻게 어머니가 먼저냐며 반박했다. 그때 오프라 윈프리는 이렇게 답했다.

"자신을 먼저 보살펴야 여러분을 필요로 하는 사람들을 더 많이 보살필 수 있다는 뜻입니다. 비행기의 산소마스크 아시죠? 자신이 먼저 마스크를 쓰지 않으면 다른 사람을 구할 수가 없어요."

세상과 일정한 거리를 두어 품격을 지키는 것은 내 몸 하나 보신하고, 나 하나 천하의 귀한 사람이 되어보자는 이기적인 행동이 아니다. 내가 품격이 없으면 천한 사람을 도울 수 없고, 내가 밉상이 되면 정작 밉상인 사람을 품격을 갖추도록 이끌 수 없기 때문이다. 내가 먼저 품격을 갖추어야 내 주변과 내 가족의 품격도 유지할 수 있는 법이다.

더 많은 것을 갈망할수록, 우리 삶은 더 초라해진다

단사표음(簞食瓢飮),
욕망의 회오리를 멈추는 법

✻ ✻ ✻

"무엇이든 하고 싶은 대로 해도 법도에 어긋나지 않는다."

특별히 신경을 쓰지 않으면 우리의 생활은 계속해서 거창해지는 경향이 있다. 자연을 즐기고 싶다는 소박한 희망으로 캠핑용 텐트 하나를 구입하고는, 잠자리도 편해야 하지 않느냐는 생각에 좋은 에어매트를 사고, 음식을 맛있게 해 먹으려면 좀 더 화력 좋은 스토브가 필요할 것 같아 스토브도 구입한다. 이렇게 하나씩 장비가 늘어나다 보면 어느 순간 방 하나를 꽉 채우고, 소형 승용차로는 여러 장비를 이동하기에 힘이 딸리는 것 같아 SUV를 사야 하나 하는 생각도 든다.

이렇게 순차적으로 욕망이 확대되는 이유는 인간에게 쾌락 적응hedonic adaptation이라는 심리적 기제가 있기 때문이다. 아무리 행복하고 즐거운 일이 있어도 그 강도가 계속해서 유지되지 않고 오히려 적응의 대상이 되어버린다. 그러면 그때부터는 더 큰 쾌락을 추구하게 된다. 한마디로 욕망의 회오리바람이 더 크고 넓게 확산된다. 그러나 그 결말은 언제나 부정적이다. 경제적인 피해를 입을 수도 있고, 없어도 될 번거로운 일에 휘말려 정신적 피로를 겪게 될 수도 있다. 마흔은 이러한 회오리바람을 멈추기 위해 삶의 사이즈를 줄이고 정신적 미니멀리즘을 추구해야 할 때다. 이는 '더 만족하고 싶어'라는 생각으로부터 조금씩 거리를 두는 일에서 시작할 수 있다.

'더 많이', '더 좋게'의 함정

사마천이 지은 『사기(史記)』에는 술을 처음 빚은 하나라의 의적(儀狄)이라는 사람이 등장한다. 그가 하나라를 건국한 우왕(禹王)에게 술을 바치자 이를 마신 우왕이 매우 감탄했고 이후로 술을 즐겨 마셨다. 하지만 얼마 후 왕은 술을 끊고 이렇게 말했다.

후세에 반드시 술로써 나라를 망치는 자가 있을 것이다.

그로부터 400년 뒤, 정말로 우왕의 예언을 실현시켜 줄 인물이 나타났다. 바로 하나라의 걸왕(桀王)이었다. 그는 그릇을 연못만큼 거대한 크기로 만들어 술로 가득 채웠다. 연회가 시작되면 누구라도 그 '술의 연못'에서 마음껏 술을 퍼마셨다. 또 잘 익은 고기를 거대한 꼬치에 끼워서 숲처럼 빽빽하게 꽂아두고는 누구든 이 '고기의 숲'에서 마음껏 고기를 뜯어먹도록 했다. 이것이 주지육림(酒池肉林)이라는 말이 탄생한 배경이다. 이 걸왕은 결국 하나라 470년 역사에서 마지막 왕이 되었다.

걸왕의 이야기를 들으면 누구라도 '정말 심한 사람이네!'라고 생각할 것이다. 하지만 걸왕도 처음에는 조그만 잔에 술을 따라 마시다 대접에 마시고 싶었을 것이며, 그러다 결국 연못을 만드는 지경에 이르렀다. 고기 역시 처음에는 작은 접시에 담아 먹다 양동이에 먹고 싶었을 것이고, 결국 숲을 이루게 했다. '더 많이, 더 좋게'는 지금의 우리도 늘 유혹당하는 생각이다. 걸왕과 우리는 사이즈만 다를 뿐, 마음속에서 비슷한 회오리가 휘몰아친다.

걸왕과는 완전히 다른 삶을 살아간 인물 중에 노나라의 안회(顔回)라는 사람이 있다. 그는 공자의 3,000명 제자 중에 공자의 사랑을 가장 많이 받았다. 안회가 비교적 일찍 죽었을 때 공자가

"하늘이 나에게서 그를 빼앗아 갔다"라고 한탄하며 그를 대신할 인물이 없다고 말할 정도였다. 평소 공자는 안회를 이렇게 칭찬했다.

> 어질도다, 안회여. 한 소쿠리의 밥과 한 표주박의 물로 누추한 곳에 거처하며 산다면, 다른 사람은 그 근심을 견디어내지 못하거늘 안회는 즐거움을 잃지 않는구나. 어질도다 안회여.

공자는 안회를 두고 '어질다'는 칭찬을 연거푸 했다. 공자의 이 말에 사용되는 한자는 '현(賢)'이다. 현명하고 도덕적인 사람을 평가하는 최상위 레벨의 단어이며, 거의 성인(聖人)에 이르는 경지라고 할 수 있다. 안회는 말 그대로 찢어지게 가난했으며, 밥 한 끼 배불리 먹어보지 못했지만, 그럼에도 학문에 전념했다. 바로 여기에서 유래한 말이 단사표음(簞食瓢飮)이다. 작은 소쿠리에 담긴 밥과 표주박의 물이라는 의미다.

안회의 마음은 걸왕과는 정반대의 결을 지녔다. '더 많이, 더 좋게'가 아니라 '더 소박하게, 더 단촐하게'였다. 그 결과 그는 공자로부터 칭송을 받는 사람이 되었고, 평생 욕심과 과도함에 허우적대지 않고 지혜롭게 살아갈 수 있었다.

마흔이 목표해야 할 담박한 삶

명나라 시대의 학자이자 문인이던 홍자성(洪自誠)이 지은 『채근담(菜根譚)』에는 이런 말이 나온다.

> 진한 술, 기름진 고기와 맵고 단 것은 참다운 맛이 아니다. 참다운 맛은 오로지 담박할 뿐이다. 기이한 재주와 탁월한 행실이 있어야 세상의 이치를 아는 사람이 되는 것은 아니다. 세상의 이치를 아는 사람은 다만 평범할 뿐이다.

'담박(淡泊)한 맛'은 담백(淡白)한 맛과는 다른 맛이다. 담백한 맛은 기름기가 적어 깔끔한 맛이지만, 담박한 맛은 양념을 거의 넣지 않아 싱거운 맛에 가깝고, 그래서 심심한 맛이기도 하다. 한마디로 음식 재료의 맛만 느껴질 뿐, 우리의 기준에서는 그냥 '맛이 없다'는 수준이다. 그럼에도 홍자성은 '참다운 맛은 오로지 담박할 뿐'이라고 하니, 이 말은 '맛없는 음식이 진짜 맛있는 거야'라고 강변하고 있는 듯하다.

단사표음과 담박한 맛이 알려주는 것은 주지육림이 추구하는 욕망의 회오리를 멈추는 지혜다. 삶에 거추장스러운 것이 많아지고 통제권을 잃는 상태에서 벗어나라는 이야기다.

어떤 의미에서 2,500년을 이어온 동양철학의 궁극적 목표는 오늘날의 용어로 '미니멀리즘minimalism'이라고도 할 수 있다. 도교든, 유교든, 불교든 모두 절제되고 최소화된 삶, 소유를 줄여 삶의 만족으로 향하는 길을 추구했다.

마흔은 미니멀리즘을 실천하기에 딱 좋은 나이다. 물론 아직 가정과 사회에서의 책임이 막중하므로 당장 모든 것을 줄여나가기란 쉽지 않다. 그러나 소박하고 단순한 삶을 목표로 하면서 더 이상 사이즈를 늘리지 않는 것 자체로도 이미 미니멀리즘의 단계에 진입했다고 볼 수 있다. 거기다 생각의 사이즈를 줄이는 일은 당장에도 실천 가능하다.

생각의 사이즈를 줄인다는 것

생각의 사이즈를 줄인다는 것은 곧 무엇을 계획하거나 준비할 때 만족의 기대치를 줄인다는 의미이기도 하다. 『채근담』에는 이런 말이 있다.

> 남에게 베풀 때에는 상대가 감격할 것을 바라지 마라. 원망을 사지 않으면 그것이 곧 은덕이다.

이 말은 상대방에 대한 기대치를 낮추라는 의미이기도 하지만, 동시에 '욕만 먹지 않아도 다행이지 않겠나?'라는 기준을 제시한다. 젊은 시절의 우리는 '욕을 안 먹는 단계'가 아니라 '칭찬받는 단계'로 가고자 생각의 사이즈를 키워왔다. 하지만 계속 그렇게 사이즈를 키우다 보면 미니멀리즘은 고사하고 맥시멀리즘maximalism이 되고 만다.

그 무엇이든 사이즈를 줄이는 과정에서 우리는 손쉽게 삶의 통제권을 되찾아올 수 있다. 미니멀리즘에 대해서는 매우 다양한 연구가 진행되어 왔는데, 그중에서 정신 건강과 심리에 미치는 영향에 관한 연구가 적지 않다. 연구 결과에 따르면 미니멀리즘을 추구하면 스트레스가 줄어들고, 정신적인 웰빙의 상태에 진입하게 되며, 창의력과 집중력까지 높아진다. 심지어 자아를 더 잘 찾을 수 있도록 도움을 주기도 한다. 그러니 이제 머리 위에 무거운 왕관을 쓰고 있는 마흔에는 생각부터 줄이는 훈련을 통해 이후의 삶을 준비할 필요가 있다. 이러한 경지가 극대화된 상태를 매우 간결하게 표현하는 말이 바로 '기래끽반 권래면(機來喫飯, 權來免)'이다.

배고프면 밥을 먹고, 고단하면 잠을 잔다.

너무 당연한 말이 아니냐고 할 수도 있지만, 쉬운 일만은 아니다. 현대인은 때에 맞춰 밥을 먹지도 못할 정도로 시간이 없고, 나쁜 생활 습관에 익숙해져 밥을 먹어도 소화불량으로 고생한다. 거기다 배가 고프지 않아도 먹곤 한다. 또 불면증으로 고생하는 사람이 부지기수다. 그러므로 '배고프면 밥을 먹고, 고단하면 잠을 잔다'는 이 간단한 생활 수칙조차 실천하기가 쉽지 않다. 이 역시 사이즈가 점점 더 커졌기 때문이다. 먹지 않아도 되는데 또 먹으니 소화불량이 되고, 이를 고치기 위해 소화제를 사 먹고, 살이 찌니 또 다이어트 기능 식품을 사야 한다. 불면증이 생기면 수면 배개를 사고 수면제도 사야 한다. "배고프면 밥을 먹고, 고단하면 잠을 잔다"는 이 말에는 생활을 간소화하고 줄여서, 가장 편안한 삶을 살아가라는 조언이 담겨 있다.

　　안쪽과 바깥쪽은 늘 호응하는 관계다. 겉치레가 많아지면 내면이 결핍되고, 외형이 화려해지면 마음은 초라해진다. 따라서 삶의 사이즈를 줄이면 그 반대급부로 마음의 행복이 늘어날 수밖에 없다.

PART 2

세상은 당신을 흔들지 못한다
당신 스스로 흔들렸을 뿐이다

방향

외부의 스포트라이트에 관심을 두지 말고,
내면의 촛불에 의지하라

뛰어난 군사 지도자로 평가되는 프리드리히대왕은 전쟁터에서도 늘 독서를 멈추지 않았다. 그가 가장 많이 읽었던 책은 고대 로마 스토아학파의 철학이 담긴 『엥케이리디온Enchiridion』이다. 이 책의 주요 주제는 삶의 평온, 운명의 수용, 내적 자유와 평정이다.

죽이고 죽는 치열한 전쟁터에서 이런 책을 읽는 것이 무슨 도움이 되겠느냐는 의문도 들지만, 다른 한편에서 생각하면 치열한 현장일수록 자신을 차분하게 하는 일이 얼마나 중요한지 알 수 있다. 그러지 않아도 눈앞에 피의 전투가 펼쳐지고 있는 상황에서, 자신마저 흥분을 주체하지 못하면 더욱 위험을 초래할 수 있기 때문이다.

마흔이라는 시기는 과거보다 훨씬 더 차분하고 냉정하고, 동시에 더 평화로워져야 할 때다. 그래야만 이제까지 이뤄왔던 성과를 지킬 수 있고, 한 차원 더 높은 성장을 이룰 수 있기 때문이다. 『엥케이리디온』에는 이런 내용이 있다.

"사람들은 사물 그 자체로 괴로워하는 것이 아니라, 그 사물에 대한 자신의 생각 때문에 괴로워한다."

어떤 의미에서 보면 세상은 나를 흔들지 못하며, 이제껏 그저 나 혼자서 흔들렸을 뿐이다. 앞으로 흔들리지 않는 내가 되기 위해서는 내 마음, 내 생각부터 올곧게 만들어야 한다.

마음이 튀는 혼란함을 막아야 삶의 방향성이 분명해진다

치대국약팽소선(治大國若烹小鮮),
말을 줄여야 마음과 정신이 다치지 않는다

✽✽✽

"늙음에 이르러서는 혈기가 이미 쇠하였으니,
탐욕을 조심하고 주의해야 한다."

청년의 좌충우돌과 일탈은 외형을 확장하기에 매우 좋은 덕목이지만, 그것이 40대 이후까지 이어지면 이제껏 이룬 성과를 내부로부터 무너뜨리는 위험 요인이 될 수 있다. 특히 앞으로의 인생에서 큰 경로 변경이 예상되지 않는 이상, 마음이 튀는 혼란함을 막아야 확실한 방향성이 흔들리지 않으면서 또박또박 끝까지 자신이 원하는 목표로 전진해 나갈 수 있다. 이것은 안정감을 기반으로 집중력의 밀도를 높이기 위한 전략이다.

문제는 의식적인 노력을 기울이지 않는 이상, 나이가 들면 마음의 안정이 깨지기 아주 쉬운 환경에 처하게 된다는 점이다. 일정한 나이가 되면 누구나 안정적이고 차분해지며 세상을 관조할수 있을 것 같지만, 아무런 노력도 없이 저절로 그렇게 되진 않는다. 오히려 과거에는 없던 습관이 자신도 모르게 생기면서 정반대가 될 가능성도 크다. 가장 대표적인 것이 바로 말이 많아지는것이다. 말을 통해서 자신의 경험과 지혜를 누군가에게 전달하는 것은 좋지만, 필요 이상으로 말이 많아지면 오히려 마음이 혼탁해지고, 강직함 사이로 나약함이 끼어들 수 있다.

나이가 들면서 많아지는 욕심

예로부터 나이가 들면서 생기는 욕심은 특별히 노욕(老慾)으로 분류했다. 건강과 사회적 지위에 대한 불확실성이 증가하면서 물질적으로 더 많이 소유하고 인간관계에서 우위에 서고자 하는 권위주의적 태도가 생기는 것이다. 오늘날에는 70~80대 노인들이나 하는 행태라고 생각하겠지만, 노욕이라는 말이 생긴 오랜 과거로 거슬러 올라가 보면 당시에는 평균 수명 자체가 매우 짧았다. 이르면 30대에 죽는 경우도 허다했고, 일반 서민들이 장수한다는 나이는 50대 정도에 불과했다. 그러니 40대부터 생기는 욕심은 이미 노욕이라고 부르기에 충분했다.

공자는 군자가 경계해야 할 세 가지를 군자삼계(君子三戒)라 칭했다. 여기에 바로 노욕에 관한 이야기가 등장한다. 『논어』에는 이렇게 실려 있다.

> 군자에게는 세 가지 조심하고 주의해야 할 것이 있다. 어린 시절에는 혈기가 안정되지 않았으니 여색(女色)을 주의하고, 성인이 되면 혈기가 왕성하니 싸움을 주의하고, 늙어서는 혈기가 이미 쇠하였으니 탐욕을 조심하고 주의해야 한다.

노욕은 단순히 경제적이고 물질적인 욕심만을 말하지는 않는다. 말이 많아지고, 말로써 상대방을 제어하고 장악하려는 것 역시 노욕의 가장 확실한 징표다. 심리학에서는 사람은 나이가 들수록 다른 사람과의 상호작용 속에서 권위적인 통제력을 확보하고 싶어 한다고 말한다. 관계의 중심에 서고 싶다는 욕심에 이른바 '투머치 토커too much talker'가 된다는 이야기다.* 그런 점에서 여러 사람이 모인 모임에서 계속해서 말을 많이 하는 사람은 인정받고자 하는 욕심에 시달리고 있다고 봐도 무방하다.

※   이아라, 「나이 들수록 말 많아지는 이유… 의외의 원인 있다」, 《헬스조선》, 2024. 2. 28

말이 많아지는 노욕이 생기는 것은 나이가 들면서 생기는 외로움을 해소하지 못한 탓이기도 하다. 경제적으로 만족스러운 사람들도 여전히 떨쳐낼 수 없는 일말의 외로움으로 인해 수다스러워지는 경우가 흔하다. 50대 초반의 유명 배우 이정재 씨는 한 패션 유튜브 채널에 출연해 이렇게 말한 적이 있다.

"이런저런 일상만 가지고 수다만 새벽 2시 반까지 떤다. 나이가 드니까 수다가 더 늘어난다. 별 얘기가 아닌데도 계속 떠들게 된다."

말이 많으면 정신이 손상된다

'말이 많은 게 타인에게 심대한 피해를 끼치는 것도 아닌데, 뭐가 그리 문제냐라고 할 수도 있다. 물론 일리 있는 말이다. 물건을 훔치는 것도 아니고 폭력적인 것도 아니니, 그저 누군가의 성격으로 여길 수도 있다. 하지만 더 중요한 것은 타인에게 미치는 영향이 아니라 자기 자신에게 미치는 영향이다.

말은 단순히 자신이 알고 있는 정보나 지식을 전달하는 1차적 의사소통의 기능만 하는 것이 아니다. 여기에 복잡 미묘한 감정이 결부되면서 내면을 혼란하게 만들기도 한다. 자신감, 우월

감, 혐오감, 비웃음 등 여러 감정이 스며들면서 안정적인 마음의
상태를 뒤흔든다. 실제 과도한 자신감과 말이 많아지는 것에 대
한 연구 결과가 있다. 캐나다의 니겔 고피Nigel Gopie 박사는 청년
과 노인의 특성을 연구한 결과 이런 결론을 내렸다.

"사람은 나이를 먹어가면서 자신감도 높아지는데, 이런 높아
진 자신감이 다른 이들에게 자꾸 정보를 제공하려는 의도로 나타
난다."

말에는 자신감만 결부되는 것이 아니다. 누군가를 헐뜯는 말
을 많이 하면 내 마음도 혐오의 감정으로 물들고, 누군가를 비웃
는 말을 많이 하면 내 마음도 동시에 오만해진다. 결론적으로 말
을 많이 하는 사람일수록 여러 방면에서 말에 감정이 결합될 가
능성이 매우 높고, 그 결과 마음이 안정적인 상태에서 벗어나기
쉽다.

문제는 마음의 안정만 깨지는 것이 아니라 정신까지 손상된
다는 점이다. 조선 후기의 문인인 홍길주(洪吉周)는 어린 시절에
시험에 합격하며 탁월함을 보였지만, 벼슬에 뜻을 두지 않고 글
쓰기에 전념한 인물이다. 홍길주가 하루는 엄청나게 말이 많은
사람을 만나 그에게 따끔한 훈계를 했다.

여러 사람과 모여 이야기할 때마다, 누군가 무슨 말을 하면

자네가 모두 대답을 하거나, 자네가 먼저 말을 꺼내는군. 자네는 물러나서 말의 많고 적음을 한번 헤아려보게. 자네 혼자 말한 것이 다른 사람들이 말한 것을 합친 것과 같거나 더 많을 걸세. 말이 많은 것을 경계하는 것은 잠시 접어두더라도, 이렇게 한다면 어찌 정신이 손상되지 않겠는가?

결국 마음의 안정을 지키고 정신의 손상을 예방하기 위해서라도 말을 줄이는 것은 필수적인 일이라고 할 수 있다. 말이 많아졌을 때 발생하는 또 하나의 큰 문제는 다른 사람들과 거리감이 생기고 신뢰가 붕괴될 수 있다는 점이다. 말이 많아지면 문제의 소지가 있는 말을 할 가능성도 높아지고, 또 '저 사람 말은 한쪽 귀로 듣고 한쪽 귀로 흘리면 돼'라는 평판이 생길 수 있다. 신뢰감이 붕괴되면 자신의 입지는 더욱 줄어들고, 더 많은 외로움과 고립감을 느끼게 된다.

묵언 수행과 생선 굽는 마음

불교에서 수행의 한 방법으로 묵언을 택하는 것은 말하기를 적극적으로 멈추면서 마음의 안정과 평화를 불러오기 위해서다. 묵언은 내 삶이 세상이 원하는 대로 흘러가는지 내가 원하는 대로 흘러가고 있는지 살피는 데 도움이 된다. 부처는 이런 말을 했다.

현자는 침묵을 고요하게 유지하며, 헛된 말을 하지 않는다.
지혜로운 사람은 불필요한 말 대신 내적 평화를 선택한다.

스님들은 의도적으로 말하지 않는 시간을 정해놓고 그때만큼은 완전히 입을 닫아 내면으로 들어간다. 산속의 암자로 들어가 온전한 침묵의 시간을 유지하는 것이다. 하지만 일상을 살아가야 하는 우리가 이렇게 할 수는 없으니, 최소한 하루에 몇 시간만이라도 말을 줄여 내 마음과 정신을 지키려는 자세를 지녀야만 한다. 필요한 말 이외의 누군가에 대한 간섭, 험담, 지적질을 줄이기만 해도 일상에서 묵언 수행을 조금이나마 실천할 수 있다.

또 하나의 방법은 말을 할 때 듣는 이의 마음을 세심하게 살피려 노력하는 것이다. 노자의 『도덕경』에는 '큰 나라를 다스릴 때에는 작은 생선을 굽듯이 해야 한다'는 의미를 지닌 치대국약팽소선(治大國若烹小鮮)에 관한 이야기가 나온다.

큰 나라를 다스릴 때는 작은 생선을 굽듯이 해야 한다. 도(道)로써 천하를 다스리면 귀신도 어떻게 하지 못한다. 귀신이 힘이 없기 때문이 아니라 힘이 있어도 사람을 해칠 수가 없는 것이다. 귀신이 사람을 해치지 않으니 성인도 사람을 해치지 않는다. 양쪽 모두 서로 해치지 않으니 그 덕이 서로에게 돌아간다.

말은 순식간에 공격형 무기로 돌변할 수 있다. 생각 없이 쏟아붓게 되면 거칠고 무모하게 변해버린다. 마치 제멋대로인 아이가 손에 무기를 쥐고 있듯이 예측할 수 없는 무질서를 야기한다. 이럴 때 '작은 생선을 굽는 마음'이 도움이 된다. 생선이 얼마나 잘 익어가는지 요리조리 살피듯이 내 말이 적절한가 따져보고, 생선을 언제 뒤집을지 고심하듯이 내 말을 언제 시작하고 멈출지 염두에 두는 것이다. 나의 말이 상대에게 얼마나 상처와 피해를 줄지 예상하고, 상대와 얼마나 원원의 자세가 되는지 살피는 태도는 말을 효과적으로 줄이고, 꼭 필요한 부분에서만 할 수 있도록 도움을 줄 수 있다. 노자는 나라를 다스릴 때에도 '생선 굽는 마음'이 도움이 된다고 하니, 내 마음 하나 정도 다스리기에는 충분한 방법일 것이다.

무엇보다 적게 말해야 '유효타'의 가능성이 높다는 점을 염두에 두어야 한다. 말이 많으면 말의 농도가 옅어지고, 그만큼 효과가 떨어진다. 『채근담』은 이를 '중심이 되는 한 마디'라고 칭한다.

한 마디의 말이 들어맞지 않으면 천 마디 말을 더 해도 소용
이 없다. 그러기에 중심이 되는 한 마디를 삼가서 해야 한다.

야구방망이를 아무리 여러 번 세게 휘두른다 해도 공을 타격
하지 않으면 소용없듯, 우리 역시 '중심이 되는 한 마디'로 말의
타격감을 높여야 한다. 달변이든 다변이든, 늘 노욕이 앞서서 말
이 많아지고 그것이 나를 혼란케 하는 일을 반드시 줄여나가야
나 자신이 좀 더 평화로워질 수 있다.

나로부터 해방되지 않으면, 새로운 출발도 존재하지 않는다

절차탁마(切磋琢磨),
과거를 자르고 줄여야 보석 같은 내가 탄생한다

❋ ❋ ❋

"천하의 이치는 끝을 마치며 다시 시작된다."

나이가 들수록 마음의 상처가 많아지는 것은 어쩔 수 없는 일이다. 숱한 경험 속에서 즐겁고 행복하기도 했겠지만, 그에 비례해 실패와 좌절도 많았을 테니 이는 매우 자연스러운 일이기도 하다. 적절한 시기에 적절한 방법으로 상처가 아물고 새살이 생기면 다행이지만, 자칫 그것이 마음속의 딱지가 되어 앉으면 매우 곤란하다. 몸에 생긴 딱지는 시간이 흘러 자연스럽게 떨어지지만, 마음속의 딱지는 응어리진 편견과 고정관념이 되어 건강한 사고와 긍정적 관계 형성을 방해하기 때문이다.

트라우마라는 말은 이제 전 국민이 아는 의학 용어가 되었지만, 트라우마가 반복되면 그때부터는 '복합 트라우마complex trauma'로 발전한다. 복합 트라우마는 '자기 완결성'에 심각한 타격을 준다. 자기 완결성은 과거의 성공과 실패, 실수를 모두 인정하고 수용하면서 현재에 만족하는 태도를 말한다. 문제는 자기 완결성이 부족하면 자신의 존재와 역할에 의미를 부여하지 못하고, '그래, 이것이 내 삶이었어'라고 당당하게 말하지 못하게 된다는 것이다. 자기 완결성은 인간 삶의 가장 마지막 자아 형성 과정인 8단계에 속해 있다. 이는 과거의 상처가 잊히지 않고 반복적으로 자신을 괴롭히면 우리는 결국 삶의 마지막 성숙의 단계에 이를 수 없다는 의미다.

아물지 않은 상처는 새로운 시작의 장애물

남송(南宋) 시대의 성리학 책인 『근사록(近思錄)』에는 종이부시(終而復始)라는 구절이 있다. '천하의 이치는 끝을 마치며 다시 시작된다'는 의미다. 끝과 시작은 늘 연결되어 있다고들 하지만, 이 말에서 주목해야 할 뉘앙스는 '끝이 나지 않으면 시작도 되지 않는다'는 것이다.

『손자병법』에도 똑같은 말이 등장한다. 종이부시, 일월시야(終而復始 日月是也)로, '끝이 나면 다시 시작하는 것은 해와 달이 지면 다시 뜨는 것과 같다'는 의미다. 해가 지지 않으면 달이 뜨지 않고, 달이 계속 떠 있는 이상 해는 뜨지 않는다. 이 두 가지 고사성어는 새로운 시작을 위해서는 반드시 뭔가를 끝내야 한다는 뜻을 담고 있다.

너무도 당연한 것이 아니냐고 반문할 수도 있겠지만, 과거의 삶에서 생긴 마음의 상처에 초점을 맞춰보면 꼭 그렇지만은 않다. 우리는 과거의 상처가 온전히 아물지도 않은 상태에서 서둘러 그것을 잊어버리거나 덮으려 하면서 새로운 시작을 도모한다. 그러나 여전히 남아 있는 과거의 분노와 슬픔이 계속해서 일상을 흔들고, 자존감마저 낮아져 자신에 대한 부정적인 이미지가 만들어진다. 이럴 때라면 아무리 새롭고 산뜻하게 시작하고 싶어도 한쪽 발목이 이미 단단히 붙잡혀 앞으로 걸어갈 수 없는 상태가 된다.

문제는 과거의 상처를 잊어버리는 일이 단지 의지로 해결될 수 있는 것이 아니라는 데 있다. 인간의 뇌는 과거에 경험했던 안 좋은 일과 급격한 감정의 변화를 사진처럼 찍어 박제해 놓는다. 다시는 그런 일을 되풀이해서는 안 되기 때문에 낙인처럼 새겨 단단하게 고정시켜 놓고 늘 경고하고자 하는 것이다. 더 중요한 것은 이러한 과정에서 일종의 '감정의 딱지'가 생긴다는 사실이다. '자라 보고 놀란 가슴 솥뚜껑 보고 놀란다', '고슴도치한테 혼난 호랑이는 밤송이 보고도 놀란다'는 속담은 감정에 선명한 딱지가 앉아 있음을 의미한다. 사람은 이럴 때 놀라기만 하는 것이 아니라 정상적이고 논리적인 사고 능력도 취약해진다.

과거에 사업을 했다가 실패한 사람이 자녀에게 '절대로 사업하지 말라'고 말하거나, 사랑하는 사람에게 상처를 받은 사람이 연애 자체를 나쁜 것으로 보는 경우가 바로 그런 예다. 사업과 연애는 그 자체로 나쁜 것이 아님에도, 과거의 상처로 인해 나쁜 이미지가 덧씌워진 것이다. 이렇게 되면 그로 인한 피해는 입지 않을 수 있지만, 더 나은 성장은 꾀할 수 없다.

나에 의한 나로부터의 해방

과거의 상처는 시간이 흐르면 잊힌다고 하지만, 그렇다고 '시간이 약이다'라는 말이 정답이라고 보기는 힘들다. 오히려 시간이 독이 될 가능성이 더욱 크다. 사람은 과거의 상처를 그저 아무런 감정적 동요 없이 무심하게 바라보지 않기 때문이다. 심지어 과거에 겪었던 나쁜 일을 반복적으로 되돌아보는 과정에서 문제의 원인을 자신에게 돌리기도 한다. '내가 그때 그 실수를 하지 않았더라면…', '내가 그때 그 사람을 만나지 않았더라면…', '내가 그때 그런 선택을 하지 않았더라면…'이라고 생각하면서 과거의 기억을 덧칠하고 트라우마의 원인을 자신에게서 찾는 것이다. 정신의학에서는 이를 자기 비난self-blame이라고 하는데, 결과적으로 이 자기 비난을 해소하지 않고는 새로운 출발이 불가능하다. 앞에서 말한 '종이부시'가 이루어질 수 없다는 이야기다.

이를 위해서는 과거의 상처를 적극적으로 용서하고, 이를 통해 죄책감을 줄이며 자기 비난의 고리를 끊어야만 한다. 자신을 용서하는 일은 자신의 잘못이 없음을 인정하거나, 스스로를 위안하고 다독이는 것에 그치지 않는다. 그러한 것을 기본으로 하되, 과거를 바라보는 과정에서 생기는 모든 감정을 거부감 없이 받아들이고, 미련 없이 놓아주어야 한다.

미국 하버드대학교에서 동남아를 연구하며 불교 철학에 깊은 이해를 지닌 잭 콘필드Jack Kornfield 교수는 불교 명상과 서구 심리 치유를 접목시킨 인물로 평가받는다. 그의 저서 『깨달음 이후 빨랫감』에는 시 하나가 등장한다.

인간이라는 여인숙에는 아침마다 새로운 손님이 당도한다.
한 번은 기쁨, 한 번은 좌절, 한 번은 야비함. 거기에, 약간의 찰나적 깨달음이 뜻밖의 손님처럼 찾아온다. 그들을 맞아 즐거이 모셔라. 그것이 그대의 집 안을 장롱 하나 남김없이 휩쓸어 가버리는 한 무리의 슬픔일지라도. 한 분 한 분을 정성껏 모셔라. 그 손님은 뭔가 새로운 기쁨을 주기 위해 그대 내면을 비워주려는 것인지도 모르는 바. 암울한 생각, 부끄러움, 울분, 이 모든 것을 웃음으로 맞아 안으로 모셔 들여라. 그 누가 찾아오시든 감사해라. 모두가 그대를 인도하려 저 너머에서 오신 분들이리니.

　자신을 진정으로 용서하는 것은 '내가 나를 사하노라'와 같은 형식적인 과정이 아닌, 과거의 모든 감정과 경험을 있는 그대로 받아들이고 자연스럽게 놓아주는 것을 말한다. 바로 이러한 과정 속에서 진정한 자기 해방의 길이 열린다. 그럼으로써 비로소 새로운 40대로 향하는 여정을 시작할 수 있다.
　콘필드의 책에는 이런 짤막한 이야기도 있다.

　어느 날 수행을 하던 젊은 제자가 스승에게 물었다.
　"스승님, 저는 언제나 해방될 수 있을까요?"
　그러자 스승이 대답했다.
　"누가 널 붙잡고 있다고 그러느냐?"

자신을 용서한다는 것은, 곧 내가 붙잡고 있던 나에게서 스스로 해방되는 것이다.

옥을 연마하는 과정

옥(玉)은 예나 지금이나 매우 소중한 보석으로 취급받는다. 색상과 무늬가 아름답고, 건강에 좋은 효능이 있어서이기도 하지만, 그 가공 과정이 무척 어려워 권력자들이나 귀족들만이 소유할 수 있었기 때문이다.

옥을 가공할 때는 총 네 가지의 고난도 기술이 필요하다. 첫 번째로 원석에서 분리하기 위해서 대강의 모양으로 잘라내야 한다. 이를 '자른다'는 의미의 절(切)이라고 한다. 두 번째는 원하는 모양에 가까워지기 위해서 조금씩 썰어내는 차(磋)의 과정을 거친다. 세 번째로 날카로운 것으로 쪼아서 점점 더 정교하게 만드는데, 이를 탁(琢)이라고 한다. 마지막으로 완전한 모양을 갖추고 외형을 고급스럽게 하기 위해 미세한 부분까지 갈아내는데, 이것이 바로 마(磨)다. 오늘날 우리가 알고 있는 '꾸준한 노력과 수양을 통해 능력을 높이고 인격을 가다듬는다'는 뜻을 지닌 말 절차탁마(切磋琢磨)는 바로 이 옥의 가공 과정에서 유래된 말이다.

그런데 이 절차탁마라는 네 가지 과정은 제각각 다른 공정이면서도 본질적으로는 하나의 목표를 지향한다. 바로 쓸데없는 것, 불필요한 것들을 끊임없이 덜어내는 것이다. 그리고 최종적인 핵심과 정수만을 남김으로써 귀한 옥을 탄생시킨다.

이러한 잘라냄과 덜어냄의 과정은 우리가 겪었던 과거의 상처에도 마찬가지로 적용된다. 감정의 썰물과 밀물이 오가는 것이 고통스러울 수 있다. 하지만 계속되는 수용과 인정 속에서 고통은 줄어들게 마련이고, 그때 비로소 조금씩 절차탁마의 과정이 이루어져 보석과 같은 나를 만들어나갈 수 있다.

우리는 흔히 완벽하지 못한 것을 두고 '옥의 티'라고 말한다. 하지만 실제 천연 상태의 귀한 옥에는 티가 없는 경우가 극히 드물다. 어떤 의미에서 불완전함 자체가 완전하다는 의미이기도 한 것이다. 사람도 마찬가지다. 마음의 상처가 없는 사람은 존재하지 않는다. 중요한 것은 그 상처가 지금도 현재 진행형인가, 이제는 아물어 흉터가 되었는가 하는 점이다. 나를 과거로부터 벗어나게 하는 진정한 '나의 해방일지'는 결국 상처를 흉터로 만들어내는 인내의 과정에서 이루어진다. 그제야 비로소 달이 지고 해가 뜨듯이, 우리도 과거를 떨치고 새로운 미래로 나아갈 수 있다.

마흔은 유혹에 흔들리지 않는 나이가 아니라, 유혹의 뒷면을 보는 나이다

인드라망(因陀羅網),
행복은 고통의 출발이고 고통은 행복의 시작이다

✻ ✻ ✻
"모든 것은 연결되어 있으며 상호의존적이다."

유혹에 흔들리면, 목표도 흔들리고 방향도 사라진다. 평지풍파라는 것이 대개 유혹에 이끌리고, 그 안에서 허우적대며 정신을 차리지 못할 때 생겨나기 때문이다. 문제는 이 유혹을 이겨낼 수 있느냐다. '40대는 불혹(不惑)의 나이다'라는 말은 '40대가 되면 저절로 유혹을 이겨낼 수 있다'는 뜻이 아니라, '40대가 되면 유혹의 뒷면을 바라보고 그것의 부질없음을 안다'라는 의미로 해석되어야 한다. 하지만 유혹은 보통 인간의 자제력보다 강하다. 종교에서도 유혹에 관한 이야기가 많이 나오는 것을 보면 그만큼 이

유혹이 간단치 않은 존재라는 점을 알 수 있다.

예수는 광야에서 마귀의 세 가지 시험을 견뎌내야 했고, 부처 역시 깨달음을 얻기 전에 보리수나무 아래에서 세 명의 여자에게 유혹을 당했다. 모든 유혹의 핵심은 육체적 쾌락, 권력에 대한 갈망, 물질적 욕망이었다. 물론 예수와 부처는 끝끝내 그것을 이겨 내고 성인(聖人)이 되었지만, 평범한 우리들이 살면서 유혹을 이겨 내기란 쉽지 않다. 유혹은 그 소구 포인트가 워낙 정확하고 날카로운 나머지, '그걸 하지 않는 게 바보 아니야?'라는 생각까지 들게 하기 때문이다. 그렇다면 40대의 삶에서 유혹당하지 않고 초연함을 유지할 수 있는 방법은 과연 무엇일까?

전쟁의 신이 가진 무기, 인드라망

힌두교에는 인드라(因陀羅)라는 전쟁의 신이 있다. 인드라는 빛과 천둥을 다스려 천상의 질서를 유지했으며, 하늘의 군대를 이끌어 악한 존재인 아수라(阿修羅)에 맞섰다. 이후 인드라는 부처의 가르침에 귀의하고 불법(佛法)을 수호하는 신이 되었다. 그런데 과거 인드라가 활약할 때 그가 주로 사용하던 무기가 있었으니, 바로 그물이었다. 영어로는 인드라넷Indra's net이라고 하며, 한자로는 인드라망(因陀羅網)이다. 그런데 이 인드라망에는 묘한 특징이 하나 있다. 수많은 그물코마다 아름답고 투명한 보석이 달려 있다는 점이다. 그러니 이쪽 보석의 모습이 저쪽에 투영되고, 저쪽 보석에 비친 모습이 위아래로 확산된다. 붉은색을 비추면 그물 전체가 붉게 변하고, 노란색에 가까이 가면 그물 전체가 노랗게 변한다. 이러한 특성 때문에 인드라망은 후대 불교 사상에서 매우 중요한 상징으로 자리 잡았다. 바로 '모든 것은 연결되어 있으며 상호의존적이다'라는 불교 사상의 핵심을 나타냈기 때문이다.

우리가 유혹을 당할 때 가장 먼저 떠올려야 할 것도 바로 이 인드라망의 독특한 구조다. 우리는 고통과 행복이 전혀 다른 것이라고 생각하지만, 인드라망의 연결되고 상호의존적인 성격에 따르면 사실 둘은 별개의 것이 아닌 하나라고 봐야 한다. 그래서 고통은 행복이고, 행복은 곧 고통이 된다.

남녀 간의 가슴 떨리는 사랑이 시작되면 '오늘부터 1일'이라며 알콩달콩한 나날을 꿈꾸지만, 반대편에서 보면 이별 전 마지막 진흙탕 싸움으로 치닫기 위한 '오늘부터 1일'이기도 하다. 아기의 탄생은 마땅히 축하받아야 할 생일이지만, 또 다른 의미에서는 죽음이라는 최종 목적지로 향하는 카운트다운의 시작이기도 하다. 회사에서도 마찬가지다. 높은 직급으로의 승진하면 연봉도 높아지고 권한도 많아지지만, 그것은 또한 더 빠른 퇴사로

가는 지름길이다. 물론 언젠가 헤어진다고 사랑을 하지 않을 수 없으며, 죽는다고 태어나지 말아야 하는 건 아니다. 하지만 당장의 유혹에 흔들리지 않는 인드라망을 내 삶의 무기로 만들고 싶다면 이러한 관점이 반드시 필요하다. 지금 내가 유혹당해 간절하게 얻고 싶은 쾌락, 즐거움, 행복의 이면에는 반드시 희생이라는 대가가 필요하고, 행복이 커지면 고통도 그에 비례해 커질 수밖에 없다는 점을 늘 염두에 두어야 하는 것이다.

유혹, 자본주의의 생존 방식

영국 속담에 '푸딩인지 아닌지는 먹어봐야 안다'는 말이 있다. 경험해 보지 않으면 실체를 알 수 없고, 피상적인 사고에만 머무르게 될 수 있다는 이야기다. 『맹자(孟子)』에도 백문이불여일견(百聞不如一見)이라는 말이 있다. 백번 듣는 것보다 실제로 보거나 경험하는 것이 중요하다는 뜻이다. 그래서 젊은 시절에는 직접 봐야 하고, 경험해야 하고, 먹어봐야 한다. 그로써 삶이 풍요롭게 살찌며, 나중에 찾아올 단단한 통찰의 기반도 마련할 수 있다.

하지만 40대는 다르다. 일단 인생의 한 사이클을 돌았으니 자신이 했던 과거의 경험만 반추해도 행복은 고통의 출발이었고,

그 고통을 인내했더니 끝내 행복이 오더라는 사실을 절절하게 느낄 수 있다. 이제 더 이상 똥인지 된장인지 알기 위해 굳이 먹어 볼 필요가 없다는 이야기다. 이것이 바로 물어보지 않아도 알 수 있는 불문가지(不問可知)이자, 너무 명백해서 의심의 여지가 없는 명약관화(明若觀火)의 수준이다. 그러므로 나를 유혹하는 것이 나타났을 때 그것이 가져올 고통의 씨앗을 떠올린다면, 유혹으로부터 훨씬 효과적으로 멀어질 수 있다.

유혹에서 멀어지는 보다 수준 높은 상태를 유지하기 위해서 우리는 자본주의의 근본 원리를 돌아보아야 한다. 자본주의의 생존 방식을 파악하면 왜 우리가 끊임없이 유혹당하는지 알 수 있다. 이렇게 유혹의 조건을 알면, 우리는 그 조건들이 쳐놓은 함정에서 한 발짝 더 떨어질 수 있다.

기획재정부에서 30년간 근무하며 통상조세국장, 국제금융심의관을 역임했던 울산과학기술원UNIST 경영학부의 조원경 교수는 자본주의 속 마케팅과 브랜딩이 지닌 '가스라이팅'의 본성을 이렇게 이야기하고 있다.

"자본주의는 불안을 먹고사니 행여 우리가 교육, 의료, 금융, 일터, 경제 전반에서 가스라이팅을 당하고 있는 것은 아닌지 제대로 성찰해 보아야 할 것이다. 마케팅과 브랜딩은 '사지 않으면 안 된다'는 심리적 조종술을 기본으로 하기에 그 근저에 가스라이팅이 있다고 봐도 무방하다. 가로등처럼 어둠을 밝히는 존재가 아니라 사람의 마음을 환히 뚫어 보고 조종하는 가스라이팅에 대처하기 위해서는 스스로 심리적 무장을 제대로 하는 것이 무엇보다 필요하다."*

외과 의사이자 냉철한 경제평론가로 이름을 떨쳤던 '시골의사' 박경철 씨는 한 기고문에서 이런 이야기를 했다.

"최근의 생산양식은 집집이 두세 대의 TV가 넘쳐나는 상황에서, 그것도 기술혁신의 결과 내구성까지 향상된 상태에서 새로운 가치를 들고 나와 희소성을 자극하고, 기존의 가진 것을 폐기하고 새로운 구매를 할 수 있는 욕망을 자극하느냐의 문제로 바뀌었다."**

자본주의의 생존 방식은 기본적으로 유혹에 기반한다. 유혹해서 팔아내지 못하면 더 이상 공장과 회사를 유지할 수 없기에 필요한 것이 충분한 사람에게도 계속해서 새로운 미끼를 던진다. 물론 이러한 미끼를 만드는 과정에서 기술도 발전하고 새로운 산업도 탄생하지만, 기본적으로 이러한 속성에 아무 생각 없이 휘둘린다면 '불혹의 40대'라는 말은 언감생심일 뿐이다.

---

* 조원경, 「"이건 꼭 사야 돼", "널 위해서야" …욕망과 불안을 자극하는 자본주의 심리 조종 [세계사로 읽는 경제]」, 《한국일보》, 2023. 11. 14
** 박경철, 「부의 증대와 희소성의 원칙 II」, KB레인보우인문학, 2010. 5

축소지향의 행복론

유혹당하지 않는 40대의 행복론은 '축소지향의 행복론'이 되어야 한다. 행복을 늘리면 행복해지는 것이 아니라, 고통을 줄이는 것 자체가 행복이라는 이야기다. 이는 인류의 오랜 지혜에서 비롯된다.

고대 그리스의 철학자인 에피쿠로스Epicurus는 그의 철학이 '쾌락주의'로 명명되어 그 자체가 과도한 쾌락을 추구하는 사람처럼 보일지 모르지만, 실제로는 정반대다. 그는 행복을 '고통의 부재(不在)'로 정의한다. 정신적 평온을 추구하기 위해서는 고통이 최대한 줄어든 상태가 되도록 해야 하며, 그것이 진정한 행복이라고 주장한 것이다. 행복을 늘리려면 더 많은 일을 해야 하고, 결국 그것이 고통의 씨앗이 된다는 생각과 동일하다.

이러한 축소지향의 행복론은 더 나아가 생로병사의 틀에 갇힌 인간을 열반으로 이끌려 했던 부처의 기획이기도 했다. 그것이 가장 단적으로 드러나는 말이 바로 적멸(寂滅)이다. 문자 그대로 해석하면 '고요한 상태에서 모든 것이 사라진다'는 의미로, 흔히 생사와 번뇌를 초월했다는 의미의 열반(涅槃)과 동일한 뜻으로 쓰인다. 행복마저 사라진 그 고요의 바다에서 인간은 비로소 진정한 행복에 이를 수 있다는 것이다.

부처가 알려주는 또 하나의 핵심 가르침은 제행무상(諸行無常)이다. 직역하면 '제반의 행동은 무상하다'라는 의미이며, 모든 것은 변하고 그 실체가 없다는 말이다. 이 말은 우리가 행복을 하나의 고정된 상태라고 착각하는 데에서 벗어나게 해준다. 우리는 일정한 상태가 되면, 보상으로 그에 따른 행복이 올 것이라고 생각한다. 그래서 '취직을 하면', '돈을 많이 벌면', '사랑하는 사람이 생기면' 행복에 진입할 수 있다고 여긴다. 하지만 취직을 해서 느끼는 행복도, 돈을 많이 벌어서 느끼는 행복도 끊임없이 변하는 제행무상의 세계에서는 결국 그 실체가 사라지고 만다.

물론 우리는 행복해지고 싶어 하고, 또 행복해져야 한다. 하지만 행복은 행복의 실체를 알 때 비로소 온전히 누릴 수 있다. 어떤 면에서 행복은 일종의 파도타기와 같다. 행복은 고통과 함께 오기에 감내 가능한 고통의 선을 정하고 그 안에서 누리려고 노력해야 한다. 행복처럼 보이는 것이라고 선뜻 손으로 움켜쥐려 하기보다는, 그것이 주는 고통의 이면을 함께 떠올릴 수 있을 때 비로소 유혹에 흔들리지 않는 마흔을 맞이할 수 있을 것이다.

중용은 애매한 중간이 아닌 단단한 중심이다

금의야행(錦衣夜行),
새로운 의미와 가치로 인생을 재건축해야 한다

✳ ✳ ✳

"부귀해졌는데도 고향으로 돌아가지 않는 것은
비단옷을 입고 밤에 길을 가는 것과 같다."

눈에 보이는 세계의 너머에는 눈에 보이지 않는 '의미'라는 것을 둘러싼 거대한 전쟁이 존재한다. '그것이 도대체 어떤 의미야?'와 '왜 이게 의미가 있지?'라는 질문 속에서 우리는 수많은 논쟁을 하고 고민을 하고 끝내 인생의 중요한 선택을 하며 살아간다. 인간에게 의미란 생각, 행동, 감정과 정서를 떠받들고 있는 주춧돌이라고 할 수 있다. 이것이 흔들리면 모든 것이 흔들리고, 이것이 바뀌면 모든 것이 바뀐다. 문제는 이러한 의미 부여의 방식에 끊임없이 타인의 시선이 개입되고, 남들과의 비교가 전제된다는 점이다. '남들이 볼 때 어떨까?'라는 단순하지만 강력한 외부 개입은 개인의 의미 부여에 상당한 영향을 미친다. 그러다 보니 자신만의 고유한 의미는 계속해서 퇴색되고, 남들과의 비교 속에서 부여된 의미가 끊임없이 나를 침범하게 된다. 하지만 정반대의 경우도 생긴다. 타인의 시선과 일절 타협하지 않고 스스로 의미를 부여하며 살아갈 때에도 인생을 위협하는 위험 요인이 발생한다. 이를 해결할 수 있는 중요한 무기가 하나 있으니, 바로 '중용(中庸)의 깃발'이다.

비단옷을 입고 밤길을 걷는 심정으로

『사기(史記)』의 항우본기(項羽本紀)에는 당대의 영웅 항우(項羽)가 등장한다. 엄청난 전투력과 힘을 자랑하지만, 지나친 자만심으로 인해 끝내 비참한 결과를 맞는 비극적 영웅이다.

그는 한때 진나라의 도읍지였던 함양에 입성해 사람들을 잔인하게 죽이고, 진시황의 아방궁을 불태우는가 하면, 술과 여자에 빠져 승리를 자축했다. 그러다 이제 많은 재물과 미녀들을 손에 넣었으니 자신이 태어나고 자랐던 고향 강동으로 돌아가고 싶어 했다. 하지만 부하들이 이를 적극적으로 말렸다. 그러면서 함양은 산과 강으로 둘러싸인 매우 비옥한 땅이므로 이곳에 정착해 천하를 정복할 세력을 키우라고 조언했다. 하지만 고향으로 돌아가서 출세한 자신을 뽐내고 싶었던 항우는 이렇게 말했다.

부귀해졌는데도 고향으로 돌아가지 않는 것은 비단옷을 입고 밤에 길을 가는 것과 같다. 누가 이것을 알아주겠는가?

'비단옷을 입고 밤길을 걸어간다'는 뜻의 금의야행(錦衣夜行)은 보람도, 의미도 없는 행동을 하는 것을 의미한다. 여기서 항우는 타인의 시선을 전제하고 있다. '누가 이것을 알아주겠는가?'라는 말은 누군가가 알아주어야 자신에게도 의미가 있다는 말이기 때문이다. 항우에게는 '출세-귀향-잘난 척-타인의 시선과 인정'이 하나의 의미 고리를 형성하고 있다. 그러니 이 고리의 작동에서 벗어나는 일은 금의야행, 즉 쓸데없는 짓이 되어버린다. 물론 항우의 이러한 의미 부여의 패턴이 좋다, 나쁘다 평가할 수는 없다. 대개 한 개인의 의미 부여 패턴은 어려서부터 보고, 배우고, 경험한 것을 그대로 답습하는 경향이 강하기 때문이다.

그가 만약 다른 사람의 조언에 귀를 기울이고 자기 생각을 고집하는 것이 아니라 되돌아볼 줄 아는 사람이었다면 중년 항우의 인생은 어떻게 달라졌을까.

새로운 벽돌을 준비하라

나이가 들어가면서 의미 부여의 패턴을 바꿔야 하는 이유는, 시간이 흐르면서 믿었던 외부의 성벽이 점차 약해질 수 있어서다. 20대에는 아무것도 정해지지 않았고, 쌓아놓은 것도 없기에 조그만 전리품 하나도 성벽을 쌓아가는 튼튼한 벽돌이 된다. 친구한 명도 소중한 자산이고, 부모님은 든든한 조력자이며, 아내나 남편은 평생을 함께하는 '내 편'이라고 여겨진다.

그런데 나이가 들어가면서부터는 사라지는 것들이 조금씩 생겨난다. 40대가 되면 회사에서는 선배들이 퇴직해 사라지고, 이르게 낳은 자녀는 이제 부모로부터 독립할 나이가 된다. 부모님은 더 허약해져 든든한 조력자의 지위를 잃어버릴 기로에 서 있다. 부부라면 내 편이 아니라 남의 편이 되지나 않으면 그나마 다행이다.

이러한 시기에는 과거에 구축했던 의미들이 하나둘 힘이 빠지면서 오래된 성벽처럼 군데군데 부스러져 떨어져 나가기 시작한다. 그러면서 지인들과 나누는 대화에도 희망이나 열정적 언사보다는 애잔함이 스며든다. 이제는 자식도 다 소용없다거나, 부모님도 언제 돌아가실지 모르겠고, 배우자와의 대화도 사라진지 오래라고 푸념한다. 과거에 견고하게 믿어온 의미 체계가 약해지면서 내 마음을 단단하게 지켜줄 힘이 약화되는 것이다.

나이가 들어 기존의 의미들이 사라지기 시작하면 새로운 의미로 나 자신을 무장해야 한다. 이럴 때 특히 중요한 것이 더 이상 타인의 관점, 세상의 기준에 잠식되지 않는 나만의 의미를 부여하는 것이다. 언제든 또다시 사라질 수 있는 외부의 기준이 아닌, 나의 주관이 반영된 새로운 의미 체계가 필요하다. 그렇다고 해서 세상과 유리된 폐쇄된 가치로 살아가라는 뜻은 아니다. 바로 이런 때에야말로 나와 세상 양쪽을 바로 보면서 가장 합당한 삶의 의미를 재구축해야 한다는 말이다.

『중용(中庸)』은 논어, 맹자, 대학과 함께 사서(四書)를 구성하는 책의 이름이지만, '중용'이라는 말 자체를 깊이 있게 들여다볼 필요가 있다.

중국 최초의 한자 사전인 『설문해자(說文解字)』는 총 9,300여 자에 달하는 한자의 기원과 의미를 기술해 아시아 한자 문화에 대한 깊은 이해를 제공하는 책이다. 여기에서 살펴본 '중(中)'이라는 글자의 기원은 '깃대에 달린 깃발'이다. 바람에 따라 이리저리 휘날리기는 하지만, 자신만의 자리를 지키는 모습을 상징한다. 그래서 이 말에는 일반적으로 알고 있는 '이쪽저쪽 사이의 가운데'라는 의미보다는 '한쪽으로 치우지지 않는 견고함'이라는 의미가 더 강하다. '용(庸)'이라는 글자는 일상적으로 지속 가능한 상태를 뜻한다. 따라서 '중용'은 굳건한 깃발처럼 한쪽으로 치우치지 않는 상태를 지속하는 것을 말한다.

마흔에 해야 하는 인생에 대한 새로운 의미 부여는 수세적이거나 떠밀려서 할 수 있는 것이 아니다. 이제까지 믿어왔던 가치와 의미의 체계를 스스로 무너뜨리고 다시 온전한 자신의 힘으로 한쪽으로 치우치지 않는 깃발을 새롭게 세워야 하기 때문이다.

이런 점에서 봤을 때 중용의 깃발을 세우는 것은 지나치게 타인의 시선 쪽으로 기울었던 의미 부여의 체계를 다시 내 쪽으로 끌어오는 것이다. 항우의 금의야행은 깃발이 과도하게 타인 쪽으로 기울었던 것이 가장 큰 과오라고 할 수 있다. 하지만 이것을 내 쪽으로 끌어온다고 해서 지나치게 끌어오지는 않도록 이 역시 경계해야 한다.

쇼펜하우어의 인생 후반기

흔히 염세주의자로 알려진 독일의 철학자 쇼펜하우어는 40대에 최악의 고통을 겪었다. '내가 왜 태어났을까'라고 생각하기도 했고, 다른 철학자들의 유명세에 밀려 강의실에 수강생이 한 명도 없을 때도 있었다. 게다가 작품을 발표해도 별 인정을 받지 못했다. 그러니 그가 "인간은 욕망의 덩어리고, 삶은 고통이다"라고 주장한 것도 그리 무리한 일은 아니다. 하지만 아이러니하게도 정작 쇼펜하우어는 40대 중반부터 점점 더 잘나가기 시작했다. 세상 사람들의 각광을 받았으며, 사상적인 면에서도 주목받았다. 심지어 70세 생일에는 전 세계의 철학자, 예술가, 문학가로부터 축하 편지를 받기도 했다. 어떤 면에서 보면 꽤 얄미운 캐릭터이기도 하다. 삶은 고통이고 인간은 욕망 덩어리라더니, 정작 인생 후반에는 삶이 달달하다는 것을 알게 되고, 자신의 욕망도 채웠기 때문이다. 어쩌면 그는 말년에는 자신의 철학을 바꿨을지도 모를 일이다. '인간은 욕망 덩어리지만 때론 그 욕망이 충족되어 행복할 때도 있고, 삶은 고통이지만 그 안에는 즐거움도 있다'라고 말이다.

여기서 '세상은 오래 살고 볼 일이야'라는 교훈을 얻을 수도 있지만, 중요한 것은 내가 했던 과거의 의미 부여가 얼마든지 바뀔 수 있고, 또 바뀌어야 한다는 점이다. 쇼펜하우어가 젊은 시절에 했던 욕망과 고통에 대한 생각은 과도하게 폐쇄적인 체계에서 비롯되었다. 무엇보다 그 배경에는 어둠과 우울이 가득했다. 동시대의 철학자 헤겔에 대한 엄청난 질투심에 자신이 기르던 반려견의 이름을 '헤겔'이라고 지었고, 끝내 교수직마저 때려치웠으니 말이다. 그는 또 자신의 철학 박사 논문을 쓰레기 취급한 어머니와는 영영 만나지 않았으며, 어머니를 부도덕한 여자라고 의심했다. 심지어 지극한 여성 혐오자가 되어 "여자는 종족 번식의 도구 이상도 이하도 아니다"라는 말까지 했을 정도다. 마침내 그는 "인생은 불결한 것이다"라며 인생혐오주의자가 되어버렸다. 쇼펜하우어의 이러한 의미 체계는 자신의 쪽으로 너무 기울어지다 못해 부러져 버린 것이라 할 수 있다. 결과적으로 우리가 해야 할 일은 항우와 쇼펜하우어 사이에서 기울어지지 않는 나만의 균형을 유지하는 것이다. 타인의 시선과 개입을 완전히 뿌리치지 않으면서도 거기에 나만의 시선과 개입을 맞대어 단단한 중심을 잡는 중용의 깃발을 세워야 한다. 이것은 내 안에 단단한 성벽을 쌓는 일과 마찬가지다.

『손자병법(孫子兵法)』에는 적과 싸울 때 가장 선호해야 할 방법과 가장 피해야 할 방법이 실려 있다. 가장 선호해야 할 방법은 적의 계략을 꺾고, 외교적 관계를 파괴하고, 군대를 물리치는 일이다. 반면 가장 피해야 할 싸움은 상대방의 성을 공격하는 일이다. 이를 공성지법위부득이(攻城之法為不得已)라고 한다. 성은 부득이한 경우에만 어쩔 수 없이 공격해야 한다는 이야기다. 단단한 벽돌로 쌓아올린 튼튼한 성벽을 공격하는 일은 그만큼 어렵기 때문이다.

의미는 눈에 보이지 않지만, 가장 밑바닥에서 우리를 좌우하는 힘을 지니고 있다. 오래된 것은 낡을 수밖에 없으니, 우리는 계속되는 자신만의 의미 부여로 삶을 꾸준히 보수공사하고 재건축해 나가야 한다.

고집은 미련한 사람의 힘이고,
유연성은 지혜로운 사람의 무기다

교왕과직(矯枉過直),
굽은 것을 바로잡으려다 지나치게 곧아지지 마라

✿ ✿ ✿

"밥은 부자인 동쪽 남자에게 가서 먹고,
잠은 잘생긴 서쪽 남자와 자면 됩니다."

'나이가 들면 고집이 세진다'는 말이 있는데, 여기에는 매우 과학적인 이유가 있다. 세상의 여러 일을 판단하는 과정에서 과거의 경험이 쌓이고 나름 검증을 거쳤다고 생각한 나머지, 그 경로에서 이탈하고 싶지 않기 때문이다. 해보지 않은 것은 위험하다고 판단하고, 검증되지 않은 것은 잘 받아들이지 않는다. 이런 내면의 상태가 다른 사람들에게는 고집이 강해진 것으로 보인다. 문제는 자신과 다른 생각이나 행동을 하는 사람을 '틀렸다'거나 '이상하다'고 단정지으며, 그 결과 유연성이 떨어지고 새로운 변화를 추구하는 데 민감성이 떨어진다는 점이다. 더 나아가 자기방어 기제 역시 강해지기 때문에 자신의 잘못을 인정하는 것도 매우 어려워진다. 세찬 바람이 불면 어느 정도는 흔들려 줘야 부러지지 않는 법이지만, 너무 강한 고집과 자기방어 기제로 결국 꺾여버린 자신을 발견하게 되는 것이다.

최종 목표로 향하는 자신의 길은 확고해야겠지만, 언제든 그 경로를 이탈하고, 되돌아가고, 천천히 갈 수 있다는 사실도 인정해야 한다. 강직함의 대명사인 '부러질지언정 휘지는 않겠다'는 말은 젊은 시절 술자리에서나 해야지, 마흔의 나이에 삶의 신념으로 삼아서는 안 된다.

휘어지지 않고 부러지겠다는 미련함

주나라의 무왕은 함께 나라를 세운 공신들에게 영주의 지위과 토지를 주어 각자가 통치하게 하는 봉건제를 실시했다. 이렇게 하면 각 봉건 영주들이 무왕을 보호하는 강력한 울타리의 역할을 해줄 것이라 믿었다. 처음에는 이 시스템이 잘 돌아갔지만, 시간이 흐르면서 결속력이 떨어지고 오히려 혼란이 생겼다. 이때를 노리고 진나라의 시황제가 천하를 통일한 뒤, 봉건제에 문제가 많다고 보고 강력한 중앙집권제를 확립했다. 이로써 봉건제의 단점이 줄어들기는 했지만, 지나치게 가혹한 통치로 인해 백성들의 불만은 극에 달했다. 이때 다시 천하를 통일한 한나라의 유방은 진나라의 멸망 원인이 강력한 중앙집권제에 있다고 판단하고 다시 봉건제를 부활시켰다. 그러나 이 시스템도 오래가지 못했다. 왕의 자리에 오른 이들이 또다시 황제의 자리를 넘보면서 혼란이 생겼기 때문이다.

이 이야기에서 유래한 고사성어가 바로 교왕과직(矯枉過直)으로, '굽은 것을 바로잡으려다 지나치게 곧아진다'는 의미다. 누구는 봉건제가 최선의 제도라고 생각했고, 누구는 중앙집권제가 최선이라고 보았다. 하지만 그 어떤 것도 완벽할 수는 없었다. 아무리 최선의 것으로 보인다고 하더라도 결국 그 안에는 빈틈과 허술함이 존재하기 때문이다. 사상이나 이념, 삶의 철학도 마찬가지다. 언제나 옳은 것은 없으며, 항상 틀린 것도 없다. 그러니 그 빈틈과 허술함을 단점으로 보지 말고, 순발력과 유연성으로 채워 넣어야 한다. 이는 계속되는 재조정의 과정이기도 하다. 물론 단점을 교정하려는 노력을 하지 말아야 한다는 말은 아니다. 너무 단점만 보고 그것을 철저하게 고치려는 생각 자체가 또 다른 편향을 만들어낸다는 이야기다. 교왕과직이라는 고사성어는 곧아지는 것을 나쁘다고 보지 않았다. 다만 너무 곧아지는 것을 경계했을 뿐이다. 자신의 생각과 경험이 정말로 옳다고 한들, 거기에는 분명 '너무 곧아지는' 부작용도 반드시 있음을 기억해야 한다.

마흔 이후는 그 어느 때보다 확신이 자신을 지배하는 시기이기도 하다. 누군가의 말을 대충만 들어도 '그게 아닌데'라는 생각이 들고, 실체를 정확하게 파악하기도 전에 편린만 보고도 '그게 왜 그러냐면 말이지…'라며 자신만의 정연한 논리를 펼쳐나가기 쉽다. 이렇게 하다 보면 어느 순간 자신의 생각에 산재한 빈틈과 허술함을 인지하기 힘들어지고 유연성을 발휘하는 것에도 한계가 생긴다. 어쩌면 40대는 20대에 선택한 삶의 방향과 목표를 유연성 없이 나름대로 완벽하게 추구해 왔기에 지금 현재의 상태에 이르렀다고 할 수 있다. 하지만 앞으로도 계속 그러한 태도만을 고집한다면 또 다른 부작용에 대처하기 힘든 상황들이 펼쳐질 수밖에 없다.

와비사비, 부족함의 미학

역사서인 『후한서(後漢書)』에는 교현(喬玄)이라는 매우 강직한 관리의 이야기가 나온다. 그는 평소 성품이 청렴하고 강직해서 부하는 물론이고 권력자의 부정에도 절대로 눈감는 일 없이 철저한

벌을 내렸다. 그러던 중 황제의 친인척이 백성들을 착취한 일을 알게 되어 황제에게 상소를 올렸지만 받아들여지지 않았다. 그는 비분강개하면서 병을 핑계로 사직했으며, 훗날 황제가 벼슬을 내렸지만, 끝내 받아들이지 않았다. 이처럼 한번 수틀리는 일이 발생하면, 모든 여지를 단칼에 잘라버리는 성격이었다.

그런데 어느 날 그의 열 살 된 아들이 강도에게 붙잡혀 갔고, 강도들이 그에게 돈을 요구했다. 하지만 교현은 평소의 강직한 성격 그대로 부정한 돈은 줄 수 없다며 거절했다. 곧이어 관병이 출동해 강도들을 포위했지만, 혹시 아이가 다칠까 봐 더 이상 손을 쓰지 못하고 있었다. 관병들이 주저하는 모습을 보자 화가 난 교현이 소리를 질렀다.

강도는 법을 무시하고 날뛰는 무리들인데 어찌 내 아들 때문에 그들을 놓아준다는 말인가!

결국 관병들은 강도떼를 소탕했지만, 그 와중에 교현의 아들은 죽고 말았다. 훗날 사람들은 교현의 강직함을 높이 평가하면서 이를 백절불요(百折不撓), 즉 '백번 꺾일지언정 휘어지지 않는다'며 칭송했다. 부정부패가 많았던 과거에는 이런 행동도 칭찬받을 수 있지만, 정작 아들의 입장에서는 그저 억울할 따름일 것이다. 아버지의 강직함이 무엇이길래, 자신의 목숨까지 허무하게 앗아간다는 말인가. 교현의 심리는 강직함에 대한 자기 확신에 관통당하고 있었다. 이토록 강한 신념이 있다 보니 아들의 죽음도 사소하게 보여 결국 억울한 피해를 낳게 된 것이다. 우리도 이와 같은 상황을 경계할 필요가 있다. 강한 신념 하나가 고집이 되어 자신을 억누르게 하지 않도록 빈틈과 허술함을 인정하고, '지나치게 곧은' 상태를 지양해야 한다.

1400년대에 활동했던 쇼군 아시카가 요시미쓰(足利義滿)는 평소 도자기로 만든 찻잔을 아주 소중히 여겼다. 그런데 어느 날 찻잔에 금이 가서 무척이나 실망했다. 중국으로 보내 복원할 방법을 찾아보려고 했지만, 오히려 더 조잡한 상태가 되어 모양이 더 초라해지기만 했다. 이때 부하 중의 한 명이 킨츠기(金継ぎ)라는 기술이 있다는 사실을 알렸다. '금으로 잇는다'는 의미로, 금이 가거나 깨진 조각이 있다면 일단 옻으로 접착한 뒤 그 위에 금가루를 뿌리는 방식이다. 이렇게 하면 깨진 자국을 따라 생긴 화려한 금빛 줄이 새로운 문양이 되어 그 자체로 멋을 더하게 된다.

이러한 태도는 일본 미학의 매우 중요한 개념 중 하나인 '와비사비(侘び寂び)'의 태도라고 할 수 있다. 와비는 '생각대로 이루지 못하는 것으로 인한 슬픔과 괴로움'이라는 의미에서 출발했지만, 시간이 흐른 뒤 간소한 형태나 소박한 상태를 긍정적인 태도로

받아들이는 것을 뜻하게 됐다. 사비는 본래 '시간이 흘러 빛이 바래고 광택을 잃어가는 것'이라는 의미지만, 여기서는 고풍스럽고 오래된 것에 대한 따뜻한 친밀감을 뜻한다. 결국 와비와 사비가 합쳐진 와비사비는 '부족하고 결함이 있지만, 오히려 더 나은 상태로 전환되는 것'을 말한다.

18세기 유럽의 낭만주의 미학에서도 이러한 태도를 찾아볼 수 있다. 낭만주의는 인간이 지닌 감정, 상상력, 주관성의 불완전함과 비합리성을 있는 그대로를 인정하고 예술적으로 표현한다.

일본의 와비사비, 유럽의 낭만주의 미학에서 중요하게 강조하는 바는 자신이 추구하는 삶의 방향이나 신념이 완벽할 수는 없으니, 부족함과 빈틈을 수용하고 인정하라는 것이다. 더 나아가 이제는 넘어짐과 휘어짐을 인정하면서 좀 더 유연하게 살아가라는 교훈을 준다.

젊은 시절은 자신을 채찍질해야 하는 시기다. 그래야 성장과 발전의 동력이 생기고, 부족한 자신을 더 채워 넣을 수 있기 때문이다. 하지만 마흔의 나이에는 자신을 채찍질하려다 난도질당할 수도 있다는 사실을 알아채야 한다. 자신에 대한 질책과 자기반성은 물론이고 너무 강한 자기 고집 역시 후유증을 남기기 쉽다.

결혼을 앞둔 한 여성의 선택

북송(北宋) 시대에 편찬된 백과사전인 『태평어람(太平御覽)』에는 동가식서가숙(東家食西家宿)이라는 말이 등장한다. '동쪽 집에서 밥을 먹고, 서쪽 집에서 잠을 잔다'는 의미다.

제나라에 사는 한 처녀가 두 남자로부터 청혼을 받았다. 동쪽 마을에 사는 청혼자는 얼굴은 못생겼지만 돈은 많았고, 서쪽 마을에 사는 청혼자는 가진 것은 없었지만 얼굴은 잘생겼다. 부모가 누구를 택하겠느냐고 묻자 처녀는 두 남자 모두에게 시집을 가겠다고 했다. 무슨 말인지 몰라 다시 물으니 이렇게 대답했다.

"밥은 부자인 동쪽 남자에게 가서 먹고, 잠은 잘생긴 서쪽 남자와 자면 됩니다."

오늘날 누군가가 이런 대답을 한다면 적잖이 욕먹을 일이지만, 도덕적인 면을 덜어내고 유연성의 측면에서만 바라본다면 가히 최고봉이 아닐 수 없다. 한 남자에게서 모든 것을 만족하는 완벽함을 추구하려다 아예 결혼을 못 하느니, 차라리 서로간의 부족함을 인정하고 양쪽의 장단점을 다 취하겠다는 의도이기 때문이다.

심리학에는 '주의 편중attention bias'이라는 개념이 있다. 특정한 자극이나 정보에 지나치게 주의를 집중하게 되면 다른 자극이나 정보가 무시되면서 과도한 스트레스가 유발된다. 특히 부정적인 것에 과도하게 주의를 집중하면 생각과 감정 전체가 그 방향을 몰려가게 된다. 이는 마찬가지로 자신이 지닌 기존의 신념과 생각에도 적용된다. 계속해서 그것만이 옳다고 생각하고 확신을 이어가면 다른 의견과 행동 방식을 백안시하게 되기 때문이다. 이런 문제를 막기 위해서는 유연한 처신이 중요하다.

전설적인 무술인이자 영화인인 브루스 리_{Bruce Lee}는 1970년대 한 방송과의 인터뷰에서 '친구여, 물이 되어라_{Be water, my friend}'라는 말을 남겼다.

> 마음을 비워라. 형태도 없고 모양도 없는, 물과 같이 되어라. 물을 컵에 따르면 컵이 되고, 병에 따르면 병이 되며, 주전자에 따르면 주전자가 된다. 물은 흐를 수도 있고, 부딪힐 수도 있다. 친구여, 물이 되어라.

내가 살아온 인생이니 앞으로도 내 고집대로 살아가겠다 하더라도 딱히 뭐라 할 수는 없다. 하지만 이제까지 걸어온 경로로 앞으로만 걸어간다면 새로운 길로는 갈 수 없다. 차라리 물이 되는 자유를 누려 좀 더 예상치 못한 흥미진진한 삶을 기획해 보는 건 어떨까.

PART 3

빨리 가는 것은 나쁜 것이 아니라 위험한 것이다

속도

빠르게 문제를 해결하려다 빠르게 망할 수 있다

기본적으로 시간을 대하는 우리의 자세는 강렬한 소유욕에서 출발한다. '시간은 금이다'와 같은 말은 시간을 돈만큼이나 소중하게 인식하고 있음을 의미하지만, 시간은 돈보다 더 가혹한 성질을 지니고 있다. 돈은 은행에 넣어두고 쓰지 않으면 줄어들지라도 않지만, 시간은 내가 무슨 짓을 해도 초 단위, 분 단위로 줄어든다. 그래서 시간에 관한 한 효율성이 지상 과제일 수밖에 없다. 문제는 이런 생각과 마음이 너무 과도하면 쉽게 지치게 된다는 점이다. 마흔이라는 전환기에서는 시간에 대한 개념도 달리 해야할 필요가 있다. 너무 과도하게 효율성에만 초점을 맞추면 늘 시간에 쫓기며 살게 되고, 그 과정 속에서 쉽게 지쳐버리고 만다.

슬럼프는 여러 가지 요인에 의해서 발생하지만, 기본적으로는 시간에 쫓기다 못해 녹다운 되는 과정이라 할 수 있다. 따라서 효율성에 대한 강박으로부터 벗어나 힘을 빼는 과정이 꼭 필요하며, 시간을 받아들이는 나의 방식도 한번 뒤집어볼 필요가 있다. 이로써 시간에 대한 이미지를 변화시키면 지치지 않으면서도 시간을 활용할 방법을 찾을 수 있다.

문제는 잘못된 생각이 아니라
조급한 생각 때문에 발생한다

우직지계(迂直之計),
멀리 돌아가는 방법을 알아야 승리한다

✽ ✽ ✽

"서두르면 달성할 수 없고, 작은 이익을 보려 하면
큰일을 이루지 못한다."

인생에서 가장 중요한 사고 능력 하나를 고르라면 단연 '판단력'
이 아닐 수 없다. 어떻게 판단하느냐에 따라 행동이 결정되고, 그
렇게 결정된 행동들이 오늘과 내일의 나를 만들기 때문이다. 특
히 판단력은 곧 문제 해결 능력으로 이어져 살면서 생기는 수많
은 문제와 난관을 뚫고 나갈 힘이 되어준다. 이러한 판단력은 과
거 국가 경영에서도 매우 중요한 것으로 손꼽혀 왔다. 당나라 시
대에 관리 선발의 중요한 기준 네 가지를 뜻하는 신언서판(身言書
判)은 외모, 말, 글씨와 함께 판단력을 말한다.

그런데 나이가 들면서 이 판단력에도 문제가 생길 여지가 점점 더 커진다. 연구에 따르면, 판단력 자체는 30대에 정점을 이루어 60대까지 크게 변함없이 이어진다. 따라서 나이가 든다고 무조건 잘못된 판단을 할 가능성이 높아진다고 단정할 수는 없다. 다만 이 판단력을 불안정하게 만드는 요인이 늘어나기 시작한다. 매우 중요한 것 중의 하나가 바로 시간 감각의 오류와 사고 과정에서 생기는 휴리스틱heuristic이다. 이러한 것들은 조급한 마음이 들게 하고, 빠르게 판단하려는 경향을 불러오기 때문에 판단력에 일정 부분 영향을 미친다. 상당수의 잘못된 판단은 아예 처음부터 잘못된 생각을 할 때보다 서둘러서 판단하려고 할 때 생기기 쉬우니 특별히 주의해야 한다.

서두르면 이뤄낼 수 없다

『손자병법』은 군대가 승리하는 원칙 중 하나로 '가까운 길도 곧장 가지 말고 돌아갈 줄 알아야 한다'는 의미의 우직지계(迂直之計)를 제시한다.

가까운 길을 먼 길인 듯 가는 방법을 적보다 먼저 아는 자가 승리를 거두게 된다. 이것이 군대가 승리하는 원칙이다.

당장 눈에 보이는 길을 따라서 빠르게 진격한다고 해서 반드시 승리를 보장할 수는 없다. 적군이 쳐놓은 함정과 매복에 당할 수도 있고, 너무 조급하게 가려다 보면 무언가를 빠뜨리고 잊어버리게 되어 충분한 준비를 하지 못할 수도 있다. 그러니 당장 빠른 길이 보여도 둘러 가라고 말하는 것이다.

서두르지 말아야 한다는 조언은 공자도 한 적이 있다. 그의 제자였던 자하(子夏)가 벼슬을 얻은 후 공자를 찾아와 정치에 대해서 물었다. 그때 공자는 이렇게 대답했다.

> 서두르려 하지 말고, 작은 이익에 집착 마라. 서두르면 달성할 수 없고, 작은 이익을 보려 하면 큰일을 이루지 못한다.

여기에서 유래한 고사성어가 욕속부달(欲速不達), 즉 '빠르게 원하면 달성할 수 없다'이다.

일본에도 비슷한 말이 있다. '이소가바마와레(急がば回れ)'란 말로 '급하면 돌아가라'는 뜻이다. 시가현(滋賀県)에는 일본에서 가장 큰 호수인 비와코(琵琶湖)가 있다. 이 호수를 건너는 방법은 두 가지인데, 그 거리가 배를 타면 7킬로미터 정도이고, 다리를 건너

서 가면 13킬로미터에 이른다. 누구든 배를 타고 빨리 건너가고 싶어 하지만, 한 가지 단점이 있다. 인근의 산에서 전혀 예상치 못한 돌풍이 불어서 배가 전복되는 일이 심심치 않게 발생한다는 점이다. 바로 여기에서 탄생한 말이 '급하면 돌아가라'다. 마음은 조급해도, 위험을 간과하고 속도를 줄이라는 이야기다. 급하게 하려다 실수를 범하는 일에 대한 경고로서는 충분히 이해할 만하지만, 현실에서는 정반대로 뭔가를 빠르게 처리해야 할 때도 있다. 그래서 '신속한 판단'이나 '빠른 대처'도 중요한 능력 중의 하나로 꼽힌다.

하지만 '빠르다'와 '서두르다'는 차원이 다른 말이라는 사실을 염두에 두어야 한다. 이 둘 사이에서 가장 중요한 것은 바로 마음의 상태와 예상 시나리오의 유무다. 아무리 속도를 높이더라도 내면이 안정되어 있는 상태에서 한 판단과 행동이라면 '빠르다', '신속하다'라고 말할 수 있으며 이때는 예상 시나리오가 있어 계획적인 행동이 가능하다. 반면 안절부절못하는 불안한 마음에서 결과에만 먼저 욕심을 낸다면 '서두른다'고 해야 할 것이다. 속도의 면에서만 보면 둘 다 비슷하다고 볼 수 있겠지만, 마음의 상태와 예상 시나리오에 따라 결과는 완전히 달라진다.

대롱으로 하늘을 보면 하늘도 대롱만큼 작아진다

나이가 점점 들어가면서 생리학적인 차원에서 누구나 서두르는 마음이 들 수 있다. 주변의 나이 든 사람들이 공통적으로 하는 말 중 하나가 바로 '시간이 너무 빠르게 간다', '세월이 너무 빠르다'는 것이다. 일에 집중하다 보니 그렇게 느낀다고 생각할 수도 있지만, 실제로 이는 단순히 주관적인 경험이 아니라 인체의 물리적인 현상이다.

그런데 '시간이 너무 빨라'라는 말에는 일종의 착각이 존재한다. 사실 시간이 진짜로 빠르게 가지는 않는다. 모든 사람에게 한 시간이란 정확하게 한 시간일 뿐이다. 하지만 그럼에도 '시간이 너무 빨라'라고 말하는 것은 본인이 시간을 느리게 인식하기 때문이다. 예를 들어 실제로는 두 시간이 지났지만, 정작 본인은 한 시간 정도 지났다고 여긴다. 그리고 실제 시계를 봤을 때 두 시간이 지났다는 사실을 알게 되면 그때 '시간이 빠르다'고 말한다. 이는 미국의 한 실험에서도 증명되었다. 연구자는 25세 이하의 젊은 사람들과 60대 이상의 나이 많은 사람들을 대상으로 마음속으로 3분을 재보도록 하는 실험을 진행했다. 시계가 없는 상태에서 입으로 읊조리면서 시간을 가늠하게 한 것이다. 젊은 사람들이 3분이라고 느낀 시간은 실제로는 3분 3초였다. 단 3초의 차이가 났다는 것은 실제 흐르는 시간과 그것을 인지하는 감각이 거의 일치한다는 뜻이다. 하지만 나이 든 사람들은 무려 3분 40초를 3분으로 인식했다. 실제 흐르는 시간보다 본인이 감각하는 시간이 훨씬 느렸다. 뇌의 반응 속도가 느려졌기 때문이다.

문제는 이렇게 시간이 쏜살같이 흐른다는 느낌이 들면 마음이 점점 조급해진다는 점이다. 겉으로는 행동에 여유가 있어 보이지만, 내심 더 많은 성과를 내고 더 많은 명예를 얻어야 한다는 생각에 사로잡힌다. 그리고 이럴 때 사람들은 빠르게 판단하고 또 결정하고 싶어 하는 조급증에 시달린다. 이런 조급증이 나타나면서 일과 사물의 전체를 보지 못하고 좁은 식견에 갇히게 되는 것이다.

춘추시대에 전설적인 명의로 불렸던 편작(扁鵲)이 괵나라에 갔을 때의 일이다. 태자가 병이 들어 숨졌다는 소식을 들은 그는 궁중 의사를 찾아갔다. 태자를 진단한 편작은 "제가 태자를 소생시켜 보겠습니다"라고 말했다. 그러나 궁중 의사는 "이미 죽은 태자를 어찌 살려낸다는 말이오. 어린 아이도 믿지 않을 것이오"라며 비아냥거렸다. 그런데 편작이 침을 놓자 오래지 않아 태자가 소생했다. 편작은 자신에게 비아냥거렸던 궁중 의사에게 이렇게 말했다.

나는 죽은 사람을 소생시킨 것이 아니라 아직 죽지 않은 사람을 고친 것일 뿐이오. 당신의 의술은 대롱으로 하늘을 엿보는 것과 같소.

여기에서 유래한 말이 바로 '대롱으로 하늘을 엿본다'라는 뜻의 이관규천(以管窺天)이다. 드넓은 하늘을 온전한 두 눈으로 보지 않고 그저 대롱으로만 보면, 하늘의 크기도 대롱의 크기가 되어버릴 뿐이다. 궁중 의사의 실력이 편작보다 한 단계 낮아서 혼수 상태를 사망 상태로 오진했을 수도 있다. 하지만 무언가를 조급하게 서두르면 종종 지식과 정보가 부족한 상태에서 하늘의 크기를 대롱의 크기로 만들어버리는 오류를 범하기 쉽다.

불가항력적인 문제들

나이가 들면 조급해지는 또 하나의 이유는 바로 살아오면서 풍부하게 쌓아왔던 휴리스틱이 매우 효율적으로 작동하기 때문이다. 휴리스틱은 불확실한 상황에서 빠르게 의사결정을 하거나 문제를 단순화시켜 실용적으로 해결하려는 접근 방식이다. 나이가 들면서 많은 문제를 해결해 왔던 경험이 이러한 휴리스틱을 정교하게 만들고, 꽤 다양한 분야에서 활용할 수 있게 한다.

그런데 이 휴리스틱은 때로 적지 않은 부작용을 일으킨다. 신속하고 빠르다는 장점은 있지만, 현재의 사건을 지나치게 단순화하거나 편향적으로 인식하게 하고, 왜곡된 관념으로 바라보게 하기도 한다. 이렇게 되면 문제를 해결하는 대신 오히려 더 꼬이게 만들 수도 있다.

인지심리학자 대니얼 카너먼Daniel Kahneman과 아모스 트버스키Amos Tversky는 "휴리스틱은 신속한 결정을 가능하게 하지만 동시에 편향과 오류를 초래할 수 있다"고 경고한다.

심지어 나이가 들면 뇌의 내부에서 의사소통도 늦어진다. 뇌의 좌측과 우측은 약 200만 개의 신경섬유로 구성된 뇌량corpus callosum(髓量)이라는 곳에서 서로 활발하게 정보를 교환하면서 소통한다. 미국 미시건대학교 연구팀에서 조사한 바에 따르면, 젊은 사람에 비해 나이가 든 사람은 뇌량의 활동량이 현저하게 줄어든다. 이 말은 곧 뇌가 충분히 활동해서 시간적 여유를 가지고 판단하기보다는 이미 마련되어 있는 휴리스틱에 의존할 가능성을 높다는 뜻이다.

시간에 대한 감각이 느려져 조급한 마음이 들거나 과거의 휴리스틱이 작동하는 일은 내가 의지로 조절할 수 없다. 생리적인 문제이기 때문에 원하지 않아도 하게 되고, 하기 싫어도 할 수밖에 없는 것이다. 이러한 문제에 대처하는 아주 훌륭한 방법이 바로 '천천히 서둘러라Festina lente'라는 격언이다.

급한데 왜 돌아가지?

이 말은 고대 로마에서 오랜 내전을 종식하고 평화로운 시대를 열었던 아우구스투스Augustus가 늘 선택과 판단에 순간에 참고했던 말이다. 그는 늘 신중해야 한다는 사실을 알면서도, 판단의 속도가 느려지는 것을 경계했다. 이러한 문제를 해결하기 위해 '천천히 서둘러라'라는 자신만의 전략적 격언을 만들어 시금석으로 삼았다.

다만 이 두 단어 사이에는 큰 괴리가 있다. '천천히'와 '서둘러라'는 완전히 반대의 뜻을 지니고 있기 때문이다. 따라서 이를 현실에 어떻게 적용해야 할지 의구심이 들지 않을 수 없다. 이 말을 잘 받아들이려면 '선택과 판단의 순간에 늘 무게중심이 교차해야 한다'는 말을 염두에 두면 된다. 무게중심의 역할은 어느 한쪽으로 무게가 쏠릴 때 다시 중심을 잡는 것이다. 따라서 조급한 마음이 들 때는 '천천히'에 방점을 두어 속도를 늦추고, 너무 신중해질 때는 '서둘러라'에 무게를 실어 그 속도를 조금 빠르게 해야 한다.

이렇게 계속해서 마음속 무게중심을 옮기다 보면 조급함과 신중함이 지닌 각각의 단점을 어느 정도 해소할 수 있게 된다.

마흔이라는 나이는 그 어느 때보다 판단력이 중요해지는 시기다. 하나의 선택과 결정이 자신뿐 아니라 가족과 조직에도 영향을 미칠 수 있기 때문이다. 이럴 때일수록 언제든 조급해질 수 있다는 육체적 한계를 인식하고 '천천히 서둘러라'로 무게중심을 잡아야 한다는 사실을 잊지 말아야 한다.

빠른 것이 아니라
지치지 않는 것이 중요하다

망중한(忙中閑),
시간을 분절하고 프레임을 씌우면 훨씬 효과적이다

✳ ✳ ✳

"농사일이 없는 겨울과 나머지 밤, 그리고
일을 하지 못하는 비 오는 날이 있지 아니한가?"

현대인들이 겪는 매우 특이한 정신 상태 가운데 하나가 바로 '시간 부족감'이다. 실제로 누구에게나 24시간이라는 동일한 시간이 부여되지만 상당수의 사람이 자신에게는 시간이 부족하다고 느낀다. 문제는 이러한 시간 부족감이 삶의 질을 현저하게 낮춘다는 점이다. 2018년 통계청 산하 통계개발원이 연구한 바에 따르면, 늘 시간이 부족하다고 말하는 사람들은 삶에 만족하는 비율이 낮고 육체적인 고단함도 많이 느낀다. 그래서 전반적인 삶의 질 자체가 떨어진다. 그렇다면 시간이 많으면 삶에 만족할까?

사실은 그렇지도 않다. 시간 부족감에서 해방된다고 해서 삶에 대한 만족도가 극적으로 올라가지는 않는다. 오히려 시간이 너무 많으면 때론 무력감과 우울감을 느끼기도 한다. 따라서 시간에서 첫 번째로 중요한 것은 효율성보다는 활용성이다. '제한된 시간 안에 얼마나 많은 것을 해냈느냐'와 '제한된 시간을 내가 얼마나 잘 활용했느냐'는 차원이 다른 문제다.

농부의 시간과 사냥꾼의 시간

미국의 심리학자 톰 하트만Tom Hartmann은 인간이 선사시대인 사냥의 시대와 농경시대인 농사의 시대를 둘 다 거치면서 농부와 사냥꾼의 특성을 모두 겸비하고 있다고 분석한다. 농부는 계획적이며 느긋하고, 차근차근 시간을 보내면서 최종적인 수확을 하는 특징이 있다. 반면 사냥꾼은 한번 포착한 사냥감을 숨 가쁘게 쫓고 따라가면서 일격에 사냥하는 특징이 있다. 여기에 근거한다면 시간을 바라보는 현대인의 심리는 농부가 아닌 전형적인 사냥꾼의 심리라고 할 수 있다. 사냥감을 놓치지 않고 집요하게 관찰하며 계속 근접해서 따라가듯, 시간도 그렇게 포획하려는 전투적인 자세를 보이는 것이다.

농부의 시간과 사냥꾼의 시간의 가장 큰 차이점은 분절(分節)이다. 농부의 시간은 마디마디가 딱딱 부러진다고 할 정도로 시작과 끝맺음이 분명하다. 밤에도 논에서 일하는 농부는 없으며, 겨울에도 밭을 가꾸는 농부는 없다. 사시사철 24절기는 농부의 시간이 얼마나 잘 분절되어 있는지 보여준다. 입춘(立春)에는 논밭을 정리하고, 춘분(春分)에는 파종 작업을 하고 청명(淸明)에는 모내기를 준비하는 식이다.

반면 사냥꾼에게는 그런 분절이 없다. 비가 와도 눈이 와도 사냥감을 쫓기에 여념이 없고, 밤에도 횃불을 들고 사냥을 한다. 농부와 사냥꾼 중에 누가 더 체력 소모가 크고, 누가 더 빨리 지칠까? 단연 사냥꾼이다. 우리가 빠르게 흘러가는 시간에 조급해하거나 지치지 않기 위해서는 시간을 사냥감처럼 포획하려 하기보다는 부러뜨려 분절할 수 있어야 한다. 이때 가장 중요한 관점은 시간을 통으로 된 하나로 보는 것이 아니라 분리될 수 있는 낱개로 바라보는 것이다.

망중한을 끼워 넣는 전략

위나라 시대의 동우(董遇)라는 인물은 매우 유명한 독서광으로 적지 않은 제자를 거느리고 있었다. 그는 공부하는 방법을 묻는 제자에게 '하나의 글을 백번 읽으면 그 뜻은 저절로 드러난다'며 여러 번 반복해서 읽을 것을 권했다. 제자는 "농사일이 너무 바빠서 책을 읽을 시간이 없습니다"라고 불평했다. 그러자 동우는 이렇게 이야기했다.

농사일이 없는 겨울과 나머지 밤, 그리고 일을 하지 못 하는 비 오는 날이 있지 아니한가?

이를 흔히 책을 읽기에 적당한 세 가지 여가 시간이라는 의미의 삼여(三餘)라고 부른다. 농사가 존재하지 않는 시간을 따로 분리해 내서 책을 읽으라는 권고다.

여기에서 주목해야 할 것은 제자는 시간을 통으로 보고 동우는 낱개로 봤다는 점이다. 제자는 모든 시간을 싸잡아 '시간이 없다'고 말했지만, 동우는 시간의 틈새를 분리해서 겨울, 밤, 그리고 비 오는 날이라는 세 가지의 시간을 만들어냈다. 이렇게 하면 아무리 바빠도 충분히 책을 읽을 시간을 낼 수 있다.

현대인에게 이러한 방법을 적용한다면 시간 부족감을 어느 정도 해소할 수 있을 것이다. '온종일 너무 바빠 죽겠어!'라고 안달하는 것은 시간에 기가 눌리는 일이며, 시간을 차분하게 제압

하지 못하는 모양새다. 이런 상태라면 마음은 계속해서 시간 부족감으로 끓어넘치기만 할 뿐이다.

망중한(忙中閑)은 '바쁜 가운데 잠깐 생기는 한가한 시간'이라는 의미다. 이 말은 '지금 너무 바쁜데 잠깐 한가해졌어'라는 맥락에서 사용하지만, 때로는 의도적으로 시간을 분절하는 하나의 전략이 될 수 있다. 비록 정신없이 바쁜 시간이라고 하더라도 갑작스레 한가한 시간을 의도적으로 배치해 마음의 들끓음을 멈추는 전략으로 활용할 수 있는 것이다.

성과가 매우 뛰어난 한 보험 설계사는 매우 독특한 방식으로 사람들과의 보험 상담 일정을 설계한다. 그는 하루에도 많은 사람을 만나며, 또한 전국에 있는 사람을 모두 만난다. 그런데 일부러 비슷한 지역의 사람들을 모아서 비슷한 시기에 만나지 않는다. 예를 들어 강남에서 한 명, 강북에서 한 명, 부산에서 한 명을 만나야 한다고 해보자. 일반적으로는 일단 서울 시내는 가까우니까 '강남-강북-부산'의 순서로 배치할 것이다. 하지만 그는 '강남-부산-강북' 순으로 배치한다. 굳이 이렇게 하는 이유는 망중한을 끼워 넣기 위해서다. 중간에 부산으로 출장을 가게 되면 마치 지방으로 여행이라도 가듯 한가로운 자신만의 시간을 마련할 수 있다. 거기다 곰곰이 생각해 보면 부산을 중간에 끼워 넣는다고 해서 시간이 늘어나는 것도 아니다. 중간이든, 나중이든 어차피

부산에 가는 시간은 별도로 걸리기 때문이다. 그는 이러한 전략적 시간 배치를 통해 심리적 긴장감의 수위를 낮추고, 새로운 활력을 이끌어내는 시간을 확보한다. 이는 일종의 '힘 빼기'라고 할 수 있다. 많은 스포츠 전문가가 초심자에게 "힘을 빼라"라고 말한다. 골프에서 스윙을 할 때도, 축구에서 킥을 할 때도 너무 긴장하며 강한 힘을 주면 오히려 제대로 치거나 찰 수 없다. 시간 계획을 세울 때 망중한이라는 힘 빼기의 시간을 마련하면 훨씬 활용성을 높일 수 있다.

일상적으로 이어지는 프레임 전환

시간을 대하는 또 하나의 중요한 지혜는 바로 시간에 나만의 프레임을 덧씌우는 것이다. 흔히 프레임이란 부정적인 뉘앙스로 사용된다. 사물이나 사건을 바라보는 왜곡된 방식을 유도해 객관적 사실을 올바로 인식하지 못하게 하는 방법이기 때문이다. 하지만 시간에 덧씌운 자신만의 프레임은 그 누구에게도 피해를 주지 않으면서 시간에 대한 감각을 새롭게 한다. 그래서 지겨운 시간도 잘 견딜 수 있게 하고, 바쁜 시간에도 마음이 너무 급하지 않도록 여유를 준다.

시간을 잘 견딘 대가를 꼽는다면 단연 강태공(姜太公)을 빼놓을 수 없다. 그는 10년간이나 낚시를 하면서 자신을 알아봐 줄 귀한 인물이 나타나길 기다렸다. 마침내 주나라의 문왕(文王)이 나타나 강태공과 대화하면서 그를 알아봤고 훗날 그가 주나라 건국에 큰 공을 세울 수 있도록 했다. 그런데 이 이야기에서 많은 사람이 감탄하는 지점은 강태공이 무려 10년이라는 세월 동안 낚시를 했다는 점이다. 심지어 그의 낚시 바늘은 일(一)자였다고 한다. 물고기가 일부러라도 잡혀주려 해도 잡힐 수가 없다. 도대체 한 달 내내 물고기 한 마리 잡지 못하는 그 지겨운 시간을 어떻게 10년간이나 견뎌낼 수 있었던 걸까? 강태공은 이미 자신의 시간에 자신만의 프레임을 덧씌워 놓았다. 문왕이 처음 강태공을 만나서 "낚시를 즐기시는가 보군요"라고 물었을 때 강태공은 자신은 낚시를 하는 것이 아니라며 이렇게 답했다.

나는 물고기를 낚고 있는 것이 아닙니다.
세월을 낚고 있습니다.

강태공이 자신의 시간에 씌운 프레임은 '세월 낚기'였다. 그러니 그는 하루 종일 단 한 마리의 물고기도 잡지 못했다고 해서 안타깝다거나 시간이 아깝다고 느끼지 않았다. 오히려 하루치의

충만한 세월을 낚았으니 아주 보람찼을 것이다. 사실 이러한 프레임 씌우기는 우리 일상에서 흔히 일어난다. '피할 수 없으면 즐겨라'라는 말도 그렇고, 하던 일을 포기하려는 친구에게 하는 '야, 포기는 김치 담글 때나 쓰는 말이지'라는 오래된 농담도 결국은 프레임 전환이다. 이렇게 프레임이 전환되면 순식간에 마음의 상태도 달라진다. 그간 계속해서 피하려고 했던 일에 대해서도 '그럼 즐겨볼까?'라는 의지를 다질 수 있고, '그래, 난 지금 김치를 담그는 게 아니니까 포기는 잊어버리자'라고 여길 수도 있다. 뇌를 잠깐 속이는 행위로 부정으로 치닫는 마음을 긍정으로 바꿔놓을 수 있다.

우리가 느끼는 시간 부족감은 결국 1분 1초를 아까워하는 안달복달의 감정일 뿐이다. 이러한 상황에서 시간에 대한 프레임 전환은 빠르게 마음의 온도를 낮춰 안정감을 줄 수 있다. 예를 들어 '앞으로 해야 할 산더미 같은 일은 생각하지 말고, 지금 여기에만 집중해 보자'라거나, '나는 시간에 쫓기고 있어'라고 생각하는 대신 '시간이 나를 도와주고 있어서 이 일을 할 수 있어'라는 식으로 생각하면 긴장감이 완화될 수 있다.

이러한 긴장감의 완화는 시간에 쫓겨 끝내 지쳐버리고 마는 과정 중간중간에 브레이크를 걸어 회복할 시간을 마련해 준다. 시간이 소중하지 않은 사람은 없고, 분명 시간은 소중하게 다루어져야 한다. 하지만 시간을 포획하려다 내가 포획당한다면 더 큰 비효율성에 빠져버리고 만다.

나를 늦추는 절제의 시간이
오히려 더 빠른 추진력이 된다

낙불가극(樂不可極), 즐거움을 극도로 추구하지 않아야
탁월한 인간이 된다

❋ ❋ ❋

"도덕경에 나오는 유예(猶豫)라는 단어야말로
내 병의 치료약이다."

원하기만 하면 수도 없이 많은 즐거움이 존재하는 지금 세상에서 '절제'라는 말은 다소 올드해 보인다. 하고 싶은 것을 참으라며, 자신을 억누르고 제한하는 불편감을 주기 때문이다. 그래서 인내하고 참고 견디는 절제의 시간은 곧 고통과 불편의 시간이기도 하다. 하지만 이는 절제의 시간의 한쪽 면만 보는 것일 뿐, 또 다른 막강한 힘을 발견하면 이야기는 달라진다. 절제의 시간은 에너지를 축적하고 분배하는 똑똑한 전략이며, 목표를 향해 달려가는 힘이며, 충동이나 잘못된 결정을 막아주는 최종 저지선이다.

덴마크의 철학자 스벤 브링크만Svend Brinkmann은 절제를 '지속 가능한 삶을 위한 정치적 결정'이라고 정의한다. 절제란 본질적으로 자신을 억누르며 그로 인한 인내의 고통을 겪어내는 것이 아니라, 하고 싶은 것을 하지 않음으로써 오히려 하고 싶은 것을 계속할 수 있게 하는 매우 현명한 선택이라는 것이다. 그래서 절제의 시간은 하루에도 몇 번씩 먹을 수 있는 상비약과도 같다.

정약용, 그리고 원숭이와 코끼리

다산 정약용 선생이 유배를 가기 전, 그리고 유배를 다녀온 후에 머물렀던 남양주 생가의 이름은 '여유당(與猶堂)'이다. 그런데 이 이름의 의미가 꽤 흥미롭다. '여(與)'는 원숭이에서, '유(猶)'는 코끼리에서 유래했다. 대학자가 자신의 집에 지은 이름이 '원숭이와 코끼리'라니.

여유라는 말은 『도덕경』에 등장하는 '유예(猶豫)'에서 시작된다. 우리가 흔히 집행유예, 기소유예에서 쓰는 그 유예로, 하고 싶거나 해야 할 일을 뒤로 미루는 것을 의미한다. 그런데 다산 선생은 이 말을 매우 좋아했다. "도덕경에 나오는 유예라는 단어야말로 내 병의 치료약"이라고 말했을 정도다. 그렇다면 『도덕경』

원문의 유예는 어떤 의미일까?

> 머뭇거리는구나. 마치 겨울 강을 건너는 것처럼.
>
> 망설이는구나. 마치 사방을 두리번거리는 것처럼.

자신감이 넘쳐 활발하게 전진하는 모습이 아니라 움츠러들고, 조심하고, 주저하는 모습이다. 다산 선생은 이를 '꼭 해야만하는 일이 아닌 이상, 더 이상 거기에 마음을 두지 않는 모습'으로 해석했다. 한마디로 너저분하게 여기저기에 관심을 두는 것이 아니라, 꼭 해야 할 것에만 관심을 쏟는 정신적 절제에 대한 내용이라고 할 수 있다. 다산 선생이 남긴 다양한 분야를 아우르는 위대한 연구과 집필을 살펴보면 그의 이러한 정신적 절제가 어느 정도의 위력을 지니고 있는지 알 수 있다.

청렴한 관리 공의휴가 만든 난장판

식물을 가지치기하기에 가장 좋은 시기는 2월에서 3월 사이다. 매서운 추위가 서서히 물러가고 봄이 오면 식물은 휴면기에서 깨어나 뿌리에 있던 영양분을 끌어 올려 각 가지에 배분한다. 따라서 이러한 시기에 가지치기를 해주면 한정된 영양분이 남아 있는 주요 가지에만 집중적으로 배분되면서 봄이 되었을 때 꽃이 훨씬 풍성해진다.

마흔은 한 차례 돌풍처럼 밀어닥쳤던 인생의 한파에서 벗어나 가지치기를 해주어야 하는 나이이며, 이는 곧 이제 절제의 시간을 통해 한정된 에너지를 원하는 곳, 꼭 써야 하는 곳에만 집중해야 한다는 의미다.

미국의 심리학자인 로이 바우마이스터Roy Baumeister는 '자아 고갈 이론ego depletion theory' 이론으로 유명하다. 그는 자기 통제나 의지력이 한정된 자원이라고 말한다. 또한 실험을 통해서 초기의 자기 통제 행위가 이후의 자기 통제 능력을 감소시킨다는 사실을 증명했다.

이는 일상에서도 얼마든지 느낄 수 있다. 오전 내내 업무와 학업에 초집중했다면, 오후에는 집중력이 떨어지고 의지력도 약해진다. 그리고 이러한 피로감은 나이가 들수록 더 빠르게, 더 자주 찾아온다. 그렇다면 우리가 해야 할 것은 하루에 한정된 의지력을 가장 효과적인 곳에, 가장 시의적절하게 사용하는 것이다.

절제라는 것은 맛있는 것을 참고, 과식을 참고, 금욕을 하는 것만을 의미하지는 않는다. 보다 정확하게는 생각과 행위의 가지치기를 통해 원하는 성과라는 꽃을 만발시키기 위한 전략적인 집중 행위다. 이러한 에너지의 압축을 잘해내기 위해서 가장 신경 써야 할 것은 '나를 즐겁게 하는 것'에 대한 경계심이다.

『한비자』에는 청렴하기로 유명한 노나라의 재상 공의휴(公儀休)에 대한 이야기가 나온다. 그는 생선을 무척 좋아했다. 그 사실을 알게 된 한 사람이 공의휴에게 생선을 선물했지만 매번 되돌아왔다. 생선을 좋아한다고 해서 선물했는데, 왜 받지 않을까? 공의휴에게 물었더니 이렇게 대답했다.

> 생선을 받지 않은 것은 내가 생선을 좋아하기 때문이오. 선물로 온 생선을 받고 벼슬에서 쫓겨난다면 내가 어떻게 좋아하는 생선을 사 먹을 수 있겠소. 그래서 받지 않은 것이오.

'생선을 받지 않아야 생선을 계속 먹을 수 있다'는 이 이야기는 공의휴의 청렴한 신념을 보여주기도 하지만, 동시에 일상에서 절제의 시간을 보내는 것이 얼마나 중요한지 알려준다.

특히 절제가 가장 힘든 때는 '내가 좋아하는 것을 마주할 때'이다. 술이나 담배 같은 기호식품일 수도 있고, 취미일 수도 있으며, 패스트푸드일 수도 있다. 그것이 무엇이든 내가 가장 좋아하는 것 앞에서 절제는 가장 무너지기 쉬운 환경에 처한다. 하지만 공의휴처럼 당장 내가 좋아하는 것을 절제할 수 있어야 궁극적으로 그 좋아함을 더욱 연장할 수 있다는 사실을 꼭 기억해야만 한다.

아쉬움이 보여주는 절제의 증거

하지만 그렇다고 자신에게 즐거움을 주는 것을 완전히 경계하는 일도 쉽지만은 않다. 한평생 수도승처럼 살 수는 없으니 결국 어느 정도 욕망을 충족하는 과정도 있어야 한다. 이때 일종의 기준이 되는 것이 바로 『예기(禮記)』에 나오는 지불가만 낙불가극(知不可慢 樂不可極)이다.

> 뜻한 바를 가득 채워서는 안 되고, 즐거움이 극에 달해서는 안 된다.

채우긴 채우되 '가득'하지는 말라는 권고이며, 즐거움을 추구하되 극한까지 밀어붙이지는 말라는 이야기다. 이러한 지혜는 절제에 약한 우리를 위로함과 동시에, 그 구체적인 가이드라인을 제시해 준다.

하지만 이때 우리는 아쉬움을 느끼곤 한다. '조금만 더 하면 좋을 텐데…'라고 여기는 것이다. 이 아쉬움을 느끼는 상태야말로 진짜 절제의 순간이라고 기억하면 된다. 우리는 좋아하는 것을 할 때 자신도 모르게 가득함을 추구하고 따라서 어느 순간이 극에 달한 것인지 잘 모르게 된다. 그럴 땐 그만두려고 할 때 아쉬움을 느끼는지가 그 기준이다. '뭔가 아쉬움이 느껴지는데?'라고 생각되는 그 순간이 바로 절제를 할 최적의 타이밍이다.

고대 그리스의 철학자 아리스토텔레스는 윤리와 인간의 행복을 철학적으로 탐구한 『니코마코스 윤리학』에서 절제를 다루고 있다. 그는 절제가 감정과 욕망을 이성에 따라 조절하는 능력이며 '탁월한 인간'이 되기 위한 매우 중요한 조건이라고 설파했다. 따라서 절제가 없는 인간은 결핍에 끌려 다니며, 방종에 가까운 삶을 사는 사람이라고 평가했다. 실제로 주변에 절제를 못 하는 사람이 있다면, 뭔가 부족한 사람이라고 여기기도 한다. 결국 우리는 지식을 쌓고, 마음을 올바르게 닦는 것뿐만 아니라 최종적으로 이 절제의 미덕을 생활에 결합해야만 좀 더 수준 높은 사람이 될 수 있다.

한 가지 다행스러운 일은 이 절제라는 것이 매번 강인한 의지를 발휘해야만 이룰 수 있는 것은 아니라는 점이다. 노력을 통해 얼마든지 습관화할 수 있다. 아리스토텔레스는 말했다.

우리는 정의로운 일을 함으로써 정의로운 사람이 되고, 절제된 일을 함으로써 절제하는 사람이 되며, 용감한 일을 함으로써 용감한 사람이 된다.

절제를 반복하면 점점 더 절제하기가 쉬워지고, 이로써 마침내 절제에 드는 압박감과 에너지가 줄고 절제가 자연스럽게 체화되는 경지에 이를 수 있다. 우리가 '이제부터 절제의 시간이야!'라고 마음먹고 실천해 나가는 순간, 절제의 달인이 되는 첫걸음을 뗄 수 있는 것이다.

절제는 생활의 속도, 관심의 속도를 최대한 늦춤으로써 오히려 더 빠르게 내가 원하는 것을 이루어내기 위한 추진력을 주기도 한다. 이러한 추진력을 늘 품고 있는 사람이라면 그렇지 못한 사람보다 훨씬 단단한 성과들을 이루어낼 수 있을 것이다.

서두르지 않지만 멈추지 않고, 팽팽하지 않지만 느슨하지도 않게 하라

해현경장(解弦更張),
끊임없는 점검과 관리가 조급함을 해소한다

✻ ✻ ✻

"새롭게 줄을 매어야 할 때 새로 매지 않는다면 아무리 훌륭한
연주자가 있다고 한들, 연주를 잘할 수 없습니다."

정신의학자 카를 융은 "마흔이 되면 마음에 지진이 일어난다"라
고 말했다. 20~30대 질풍노도의 시기를 거쳐왔으니 좀 안정이
되려나 싶었는데, 이제부터 지진이 일어난다니. 마흔이 되어도
안정감을 느끼기는 쉽지 않은가 보다. 하지만 마음의 안정감이
란, 어느 정도 구체적이고 물리적인 시스템에 의해서 만들어진
다. 단순히 의지를 다진다고 되는 일은 아니라, 구체적인 내 생
활을 탄탄히 관리해야 자연스럽게 이루어지는 것이다. 과거에는
큰 목표만을 염두에 두면서 내달렸다면, 이제는 천천히 주변을

하나씩 다져가며 등정을 해야 할 필요가 있다. 내 생활을 구축하는 다양한 분야를 관리해 마음이 안정되도록 하면, 너무 긴장되지도 않고 너무 느슨해지지도 않는 최적의 추진력을 만들어낼 수 있기 때문이다. 끊임없이 일상을 점검하고 관리해야 조급해하지 않고 목표에 도달할 수 있다. 젊은 시절에는 패기를 앞세워 정면승부하고 문제가 생기면 온몸을 던져 해결해 왔다면, 이제 마흔의 나이에는 세밀한 관찰력으로 주변을 다듬으며 삶의 리듬을 안정시킬 차례다.

조금씩 느슨해지는 우리의 일상

한나라의 동중서(董仲舒)라는 인물은 어려서부터 공부에 열중해 이름난 학자가 되었다. 하루 종일 방 안에서 책을 읽어 집 안의 뜰에도 2~3년간 발 디딜 틈이 없었을 정도였다. 그런 동중서를 강하게 신뢰했던 한나라 왕이 그에게 나랏일에 대한 소견을 물었다. 그러자 그가 답했다.

> 지금의 한나라는 진나라의 뒤를 이어받아 썩은 나무와 같고, 똥으로 뒤덮인 담장과 같은 지경이니, 아무리 이 나라를

잘 다스리려고 하더라도 어떻게 해볼 방법이 없습니다. 명령을 내리면 속임수가 발생해서 힘을 들이면 들일수록 무의미할 뿐입니다. 비유하자면 거문고의 소리가 맞지 않으면 반드시 줄을 풀어서 새롭게 매어야만 제 소리를 내고 연주가 가능한 것과 같습니다. 새롭게 줄을 매어야 할 때 새로 매지 않는다면 아무리 훌륭한 연주자가 있다고 한들, 연주를 잘할 수 없습니다.

동중서의 이 말에서 유래한 고사성어가 바로 해현경장(解弦更張)으로, '풀어진 줄이나 활시위를 다시 조여 매어 팽팽하게 한다'는 의미다.

거문고 줄이나 활시위의 공통점은 한번 묶어났다고 해서 영원히 고정되지는 않는다는 점이다. 눈에 거의 띄지 않으면서도 매일 아주 조금씩 느슨해져 결국에는 연주를 할 수 없고 활을 쏠 수 없을 정도로 풀어지고 만다. 따라서 끊임없이 새로 고쳐 매고 탄탄하게 만드는 것이야말로 최상의 연주를 하고, 화살의 적중률을 높이는 방법인 것이다.

우리의 생활도 이와 마찬가지다. 한번 마음을 다잡고 심지를 굳게 세운다 하더라도 시간이 흐르면서 조금씩 풀어지기 때문이다.

'어제와 같은 오늘'은 없다

우리는 매일매일 엇비슷한 하루를 굴려간다. 마흔의 하루는 어떤 면에서 보면 끊임없는 반복이라고 해도 과언이 아니다. 그러다 보면 자연히 타성에 젖게 되고 어느 순간 거문고 줄과 활시위처럼 축 늘어지는 상황이 발생한다. 어느 순간 정신을 차려보면 너무 많은 문제가 한꺼번에 쌓여 있고, 이런 문제들을 빠르게 해결하려니 쉽사리 엄두가 나지 않는 경우가 흔하다. 매일 조금씩 설거지를 하지 않다 보면 어느 순간 주방에 씻어야 할 그릇이 산더미처럼 쌓여 있는 모습과 비슷하다.

이러한 타성에서 벗어나기 위해서는 어제와 오늘은 절대로 같은 시간이 아니라는 점을 염두에 두어야 한다. 우리가 살아가는 오늘은 '내 인생에서 처음 맞이하는 오늘'이다. 비슷한 공간에서 살아가고 비슷한 상황에 처해 있는 것처럼 보이지만, 24시간이라는 시간만큼은 완전히 새롭게 충전된 시간이라는 이야기다. 따라서 이렇게 완전히 새로운 하루를 훌륭하게 감당해 내려면 매일 스스로를 조이고 고쳐 매는 관리의 정신이 필요하다.

60년 전 부산의 조그만 가내수공업체로 출발했지만, 세계적인 글로벌 기업들과 치열하게 경쟁해 해당 분야에서 글로벌 TOP 3 브랜드까지 오른 한국의 중소기업이 있다. 이 경영자의 탁월한 리더십을 구성하는 단어 중에 하나가 바로 '숨소리'다. 그는 늘 중간 간부들에게 "직원들의 숨소리까지 파악하라"고 말하고, 영업직 직원들에게는 "바이어의 숨소리까지 파악하라"고 말한다. 이 말은 가능한 한 지금 발생하고 있는 모든 미세한 변화까지도 포착해서 그에 대한 대안을 마련하고, 관리 방안을 파악하라는 의미다. 무엇보다 이 경영자는 끊임없이 변하는 산업 지형을 관찰하며 회사의 포지셔닝을 변화시키고 새로운 가격 정책을 추진해 해외의 대기업들과 경쟁해 왔다. 이러한 배경에는 경영자의 철학처럼 '숨소리'까지 관찰하며 끊임없이 닦고 조이는 노력이 있었다. 아주 세세한 것을 통해서 미래를 통찰해 내고 앞으로 닥칠 일을 준비하는 견미지저(見微知著)의 자세라고 할 수 있다. 이는 '작은 것을 보고 분명한 것을 안다'는 의미다.

은나라의 마지막 왕인 주왕(紂王)이 어느 날 자신이 쓰는 젓가락을 매우 비싼 상아로 만들라고 지시했다. 이 이야기를 들은 이복형 기자(箕子)가 '앞으로 은나라가 망하겠구나!'라고 탄식하며 간언했다.

> 군주께서 상아 젓가락을 사용하면 반드시 옥으로 된 술잔을 쓸 것이고, 옥으로 된 술잔을 쓰면 전국 곳곳의 귀하고 값진 물건을 찾게 될 것이며, 그러면 그에 맞게 수레와 말,

의복과 침구까지 궁궐은 사치에 휩싸이게 될 것입니다. 궁궐이 사치를 하게 되면 백성들은 더 가난해지고, 결국 나라를 떠나고 말 것입니다. 백성이 없으면 그때는 세금을 걷으려고 해도 걷을 곳이 없으니 어찌 나라가 망하지 않는다는 말입니까. 따라서 상아 젓가락을 멀리하시옵소서.

그러나 주왕은 기자의 말이 너무 과도하다고 생각했는지 이렇게 답했다.

고작 상아 젓가락을 쓴다고 어찌 나라가 망한다는 말이오. 그리고 나는 사치를 할 정도로 그리 어리석은 판단을 하는 사람이 아니니, 너무 걱정하지 마시오.

하지만 기자의 예측은 어긋나지 않았다. 주왕은 간신배들의 꾐에 넘어가 술과 여색에 빠지게 됐고 주나라가 쳐들어오자 왕궁에서 도망친다는 것이 그만 술에 취해 불에 뛰어들어 생을 마쳤다. 결국 은나라는 망하고 말았다.

줌인과 줌아웃의 반복

우리가 하루를 바라보는 시각은 바로 기자의 시각이어야만 한다. 매일 똑같은 모습과 반복적인 일상이라고 하더라도 아주 미세한 변화를 관찰하면서 미래를 예견하다 보면 그 자체가 바로 위기관리가 된다. 그리고 이렇게 했을 때 나중에 문제가 한꺼번에 밀어닥쳐 버거운 상황이 생기는 것을 미리 방지할 수 있다.

다만 이러한 일상의 관리를 한다고 해서 자신을 너무 팽팽하게 몰아붙여서는 안 된다. 모든 번아웃의 원인은 바로 자신을 지나치게 다그칠 때 생겨나기 때문이다. 이럴 때 필요한 자세가 바로 퇴일보 해활천공(退一步 海闊天空)이다. '한 걸음 물러나면 넓은 바다와 열린 하늘이 보인다'는 의미로, 상아 젓가락과 숨소리를 관찰하면서도 동시에 고개를 들어 넓은 바다와 열린 하늘을 보면 지나치게 팽팽하고 긴장되는 순간들을 이완시킬 수 있다는 뜻이다. 카메라로 치자면 줌인과 줌아웃을 번갈아 하는 행위라고 할 수 있다.

사실 이는 몸의 원리에도 적용할 수 있다. 전체 몸무게에서 2~3퍼센트에 불과한 뇌는 신체 전체 에너지의 25퍼센트가량을 소모한다. 자신의 크기보다 열 배나 많은 에너지를 소모하기 때문에 언제든 과부하에 걸릴 위험에 처해 있으며 그로 인해 녹다운 되는 일도 다반사로 일어난다.

미국의 미래학자 미셸 부커Michele Wucker는 '회색 코뿔소'라는 개념을 통해 충분히 예측할 수 있음에도 방치할 때 얼마나 큰 위험에 빠질 수 있는지 경고하고 있다. 사실 코뿔소는 속도가 빠른 편이 아니다. 대략 40~50킬로미터에 불과하기 때문에 저 멀리서 달려온다 하더라도 매우 느릿느릿해 보인다. 반면 치타는 최고 속도가 120킬로미터에 달해 한눈에 봐도 엄청난 속도로 나에게 전진해 오는 것처럼 느껴진다. 그러니 자칫 코뿔소의 느린 속도를 보고 그 상황을 방치했다가는 어느 순간 엄청난 위험이 내 앞에 닥치게 된다. 하지만 분명 대비책은 있다. 코뿔소의 무게는 3,000킬로그램에 육박하기 때문에 땅 위에 귀를 대고 들어보면 지면을 타고 전해지는 지진과 같은 소리를 알아챌 수 있다.

끊임없는 점검과 작은 숨소리 관찰, 그리고 땅에서 울리는 조그마한 소리도 놓치지 않는 조심스러움으로 평소 일상을 관리한다면 마음의 조급함이 해소되고 늘 안정적인 상태가 유지될 것이다.

편안할 때 위기를 상상하고, 위기가 왔을 때는 오히려 편안해져라

거안사위(居安思危), 위기가 없는 것처럼 보이는
사람들에게는 다 이유가 있다

✻ ✻ ✻

"전쟁에서 살아남고 이기려면 평소의 훈련이 전쟁처럼
느껴져야 하고, 전쟁은 훈련처럼 느껴져야 한다."

많은 사람이 '위기는 기회다'라고 말하지만, 사실 이 말이 성립하기 위해서는 여러 조건이 충족되어야 한다. 즉 사전에 준비를 충분히 하고 있다든지 위기에 대비할 여력이 있어야 한다. 이러한 조건들이 갖춰지지 않은 상태에서 맞는 위기는 돌이킬 수 없는 피해를 입혀 근본 기능을 마비시킬 수 있다. 그런 점에서 우리는 '위기는 기회다'라는 말이 주는 일방적인 의미를 단순하게 받아들여서는 안 된다. 특히 20~30대의 위기라면 아직 시간과 열정이 남아 있어 설사 망하더라도 다시 솟아오를 구멍이 있지만, 마혼의 위기는 정말로 위기일 수 있다.

　중요한 사실은 이러한 위기를 준비할 수 있는 가장 좋은 시간은 편안한 시간이자 위기가 없는 시간들이라는 것이다. 이때에는 당장 빠르게 대처해야 할 위기가 없기 때문에, 차근차근 준비를 할 수 있으며 훨씬 다양한 시나리오를 펼쳐놓으면서 각각의 상황에 대한 플랜B를 구축할 수 있다. 하지만 안타깝게도 사람의 시야는 늘 '현재'에 고정되어 있고, 마음의 상태 역시 현재적 감정에 충실하다. 당장 눈에 위기가 보이지 않으면 자신도 모르게 안도하게 되고, 그러는 사이에 위기를 준비하기에 가장 좋은 시간들이 점점 무의미하게 흘러가 버린다.

가장 높이 오른 용의 후회

선거철이 되면 언론에 잠룡(潛龍)이라는 말이 자주 언급된다. 이 말은 『주역』의 64괘(卦) 가운데 가장 먼저 등장하는 중천건괘(重天乾卦)에 나온다. 여기에는 잠룡 이외에도 세 마리의 용이 등장한다. 물속에 숨어 있던 잠룡이 비로소 세상에 그 모습을 드러내면 현룡(見龍)이라고 부른다. 인생에 비유하면 청소년기의 용이다. 그다음에는 하늘로 힘차게 날아오르는 비룡(飛龍)이 된다. 인생에서 가장 역동적인 시기인 20~30대의 용이라고 보면 된다. 가장 마지막 용은 높이 하늘로 날아간 항룡(亢龍)이다. 40대 이후의 용에 비유할 수 있다. 그런데 이 항룡에게는 다른 용들과는 좀 다른 특징이 있다. 이를 나타내는 말이 바로 항룡유회(亢龍有悔)로, '하늘 높이 날아간 용에게는 후회가 있다'는 뜻이다. 높이 날아가면 좋은 것일 텐데, 왜 후회가 따른다는 걸까?

『주역』은 "주변의 변화를 망각하고 내 능력을 과신하면 반드시 후회가 따른다"라고 말한다. 즉, 40대 이후 인생의 높은 위치에 서게 되면 그것이 오로지 자신의 능력으로만 이루어졌다고 착각하고, 더 나아가 그것이 앞으로 계속될 것이라고 안도해 반드시 예상치 못한 불행에 맞닥뜨린다는 이야기다.

항룡에게 후회가 있는 이유는 심리 상태가 현재에 매몰되어 있어서다. 사람들 대다수는 현재의 안정된 상태를 선호하면서 이를 바꾸는 결정을 회피하려고 한다. 새로운 상태로 전환하는 것이 불편하게 느껴지고, 지금의 상태에 안주한 나머지 새로운 에너지나 의지가 부족해지기도 한다. 하지만 분명 동양 고전은 바로 이렇게 항룡의 상태, 최고의 상태에서 반드시 위험을 떠올려야 한다고 경고한다.

『춘추좌씨전(春秋左氏傳)』에는 춘추시대의 강국 진나라의 왕과 그를 도운 충신 위강(魏絳)의 이야기가 나온다. 진나라는 주변국

들의 복잡한 전쟁에 끼어서 문제를 해결하고 자신의 위세를 천하에 떨친 적이 있다. 그때 진나라 왕은 항복한 국가들로부터 많은 금은보화와 미녀들을 받고 크게 만족했다. 그리고 자신을 도운 위강에게 예물의 절반을 주려고 했다. 그때 위강은 이렇게 이야기하며 예물을 사양했다.

> 폐하께서는 생활이 편안하면 위험을 생각하고, 그렇게 생각하면서 준비를 갖춰야 화를 면하실 수 있습니다.

여기에서 유래한 것이 거안사위(居安思危), 편안할 때 위기를 생각하라는 말이다. 이와 비슷한 또 다른 말로 안불망위(安不忘危)가 있다. 편안할 때에도 위태로울 때를 잊지 말고, 생존했을 때에도 멸망할 때를 잊지 말며, 안정되었을 때도 혼란스러울 때를 잊지 말아야 한다는 뜻이다.

필로포이멘의 군사적 상상력

흔히 상상력은 창의성을 발휘하기 위해 필요한 것이라고 생각하기 쉽지만, 사실 그렇지만은 않다. 내가 편할 때 위험과 위기를 떠올리는 상상력은 매우 요긴하게 삶을 관리하는 덕목이다.

고대 그리스의 정치가이자 군사 지도자 필로포이멘Philopoemen
은 그런 점에서 위험을 예방하는 상상력의 대가였다. 그는 젊었을
때부터 군사훈련을 받으면서 뛰어난 실력과 용맹을 갖췄으며 이
후 지도자가 되어 군사력을 크게 향상시켰다. 그는 평상시 전쟁이
없을 때에도 부하들과 주변을 순찰하면서 상상에 기반한 각종 질
문을 던져 위험을 예상하고, 부하들에게 경각심을 일으켰다.

> 적이 저쪽 위의 언덕에 우리 군대가 이곳에 있다면, 과연 누
> 가 유리한 위치라고 할 수 있는가?
> 우리가 적절한 진영을 유지하면서 그들을 공격할 수 있는
> 방법에는 어떤 것이 있는가?
> 그들이 산속으로 퇴각한다면 우리는 어떻게 그들을 추격해
> 야 섬멸할 수 있는가?

그는 아직 발생하지도 않은 상황을 미리 상정하고 그에 맞는
시나리오를 짜는 방법을 통해 위험을 상상하고 그에 대비하려고
했다. 심지어 자신의 눈에 직접적으로 보이는 것을 최소한으로
믿고 눈에 보이지 않는 것까지도 보려고 노력했다. 더 나아가 이
런 이야기를 한 적도 있다.

전쟁에서 살아남고 이기려면 평소의 훈련이 전쟁처럼 느껴져야 하고, 전쟁은 훈련처럼 느껴져야 한다.

말 그대로 편안할 때 위험을 대비하는 거안사위 그 자체라고 할 수 있다.

다만 상상력을 발휘할 때 우리에게는 일정한 가이드라인이 필요하다. 무작정 '나에게 일어날 위험이 뭐가 있을까?'라고 생각하는 것은 너무 막연하고 비효율적일 수 있다. 마흔에는 이미 적지 않은 과거의 경험이 쌓여 있으므로 상상력을 발휘하기 위한 최소한의 기반이 있다. 이런 조건이라면 기업들의 행하는 '배드뉴스Bad News 차단법'이라는 방법을 차용해 보는 것도 좋다.

경영에서 가장 피해야 할 것 중의 하나는 바로 회사의 이미지에 큰 타격을 줄 수 있는 배드뉴스를 사전에 예방하는 일이다. 하지만 아무리 상상력을 발휘한들, 배드뉴스가 언제 발생할지 예상하기는 쉽지 않다. 이때 권고되는 방법이 바로 '과거의 배드뉴스'를 되짚어 보고, 그것의 일정한 패턴을 파악하며, 그를 둘러싼 주요 이슈를 살피는 일이다.

내 인생의 이슈 인덱스

먼저 과거 5년간 발생했던 배드뉴스 연표를 만든다. 그런 다음 어느 시기에 어떤 배드뉴스가 있었는지 살핀다. 다음으로는 동종 업계에서 과거 5년 동안 발생했던 배드뉴스 연표를 만든다. 마지막으로 이러한 뉴스들이 어떤 이슈에 의해서 생겼는지 정리한 이슈 인덱스Issue Index를 만든다.[*]

예를 들어 특정한 식품 기업이 이러한 방법을 활용한다고 해보자. 먼저 연표를 통해 '우리 회사에서는 청결 상태 이슈 분야에서 과거 1년에 한 건 정도의 배드뉴스가 발생했다'는 결과를 얻을 수 있다. 그리고 동종 업계를 조사해 '최소 6개월마다 한 번 유통 과정에서 제품에 이상이 생겼다'는 패턴을 발견했다고 해보자. 그러면 대략 1년에 두 번 정도 청결과 유통 문제가 생긴다는 것을 알 수 있고, 여기에 집중하면 배드뉴스를 막아낼 수 있다. 그리고 이러한 사실과 통계에 기반해 상상력의 가지를 뻗어나가면 조금 더 확실하고 효율적으로 배드뉴스에 대처할 수 있다.

이러한 방법은 개인적으로도 얼마든지 활용해 볼 수 있다. '내 인생의 이슈 인덱스'를 만들어보는 것이다. 자신의 생각과 행동

---

[*]   김호, 「최선을 바라되, 최악에 대비하라」, 《동아비즈니스리뷰》, 2009. 9월 Issue 1

패턴이 크게 달라지지 않았다면, 과거 자신을 낭패로 몰아갔던 일들이 언제 또 새롭게 발생할지 알 수 있다. 그리고 사건의 전후를 면밀하게 파악하면 좀 더 과학적으로 내 인생에 닥칠 위험을 예측해 볼 수 있다. 예를 들어 A라는 사람에게 ▲과도한 소비 ▲지나친 업무로 인한 심리적 스트레스 ▲주변의 배신이라는 뚜렷한 이슈 패턴이 있다고 해보자. 자신이 180도 바뀌지 않는 이상 이런 문제는 얼마든지 또 생길 수 있다. 따라서 우선 이 부분에 대해 이슈 인덱스를 만들어 또 다른 가능성을 살피면 훨씬 유리한 입장에 설 수 있다.

이와 함께 '전쟁의 마찰'이라는 개념도 알아두면 도움이 된다. 이는 뛰어난 군사 전략가인 카를 폰 클라우제비츠Karl von Clausewitz가 『전쟁론』에서 제시한 것으로, 전쟁에 참여하는 사람들이 아무리 확실한 예측을 하고 수많은 요소를 감안하더라도 실제 전투가 벌어졌을 때는 예상과 실제 사이에 일종의 마찰이 발생해 반드시 문제가 생긴다는 뜻이다. 자신을 믿는 확률은 51퍼센트 정도로 줄이고 나머지 49퍼센트의 상존하는 위험에 대비해 늘 겸손한 자세를 갖추어야 한다.

인생에 별로 위기가 없어 보이는 사람들도 있다. 갑작스러운 불행도 그다지 없고 돌발 변수도 그리 많지 않아 보이는, 행운아처럼 여겨지는 이들이다. 하지만 그런 이들은 불행과 돌발변수

를 줄이기 위해 끊임없이 거안사위의 자세를 취하며 자신의 행복
과 안녕을 지키려고 노력해 왔을 것이다. 따라서 마흔이라는 항
룡의 상태에서도 여전히 계속 날아가기 위해서는 위험에 대비해
상상력을 키워야만 한다.

PART 4

인생의 외력이 강해도
더 강한 내력이 있으면 된다

태도

역경 없이 강해지는 사람은 아무도 없다

근육이 생기고 그 근육이 강해지기 위해서는 운동을 통해 근육을 손상시켜야만 한다. 찢어지고 갈라진 부위에 단백질이 붙으면서 점점 강해지기 때문이다. 이러한 손상과 재생의 원리는 인체를 건강하게 만드는 비결 중 하나다.

정신적으로 강해지는 비결 역시 동일한 원리다. 역경이 선행하지 않고 강해지는 사람은 아무도 없다. 완전히 무너지지 않는다면, 인생에 닥치는 커다란 고통과 슬픔은 더 큰 성장을 이뤄내는 지름길이다. 다만 이 역경을 버틸 수 있느냐 없느냐가 관건이다.

지금도 많은 사람이 인생 최고의 드라마로 꼽는 「나의 아저씨」에는 이런 명대사가 나온다.

"모든 건물은 외력과 내력의 싸움이야. 바람, 하중, 진동… 있을 수 있는 모든 외력을 계산하고 따져서 그거보다 세게 내력을 설계하는 거야. 무슨 일이 있어도 내력이 있으면 버티는 거야."

고전에서는 이를 견인불발(堅忍不拔)이라고 말한다. 굳게 인내해서 뽑히지 않는다는 의미다. 외력이 강해질수록 우리가 해야 할 일은 딱 한 가지, 내력으로 버티면서 더 큰 성장을 기다리는 것이다.

마음의 흔들림, 기울어질 수는 있어도 쓰러지지는 말자

애이불비(哀而不悲), 담담하게 살아갈 수 있다면
인생은 훨씬 편안해진다

✳ ✳ ✳

"즐겁지만 막되지 않고, 슬프지만 비탄스럽지 않다."

누군가가 세상의 여파에 감정이 흔들리지 않는다면, 여러모로 부러운 경지임에 틀림없다. 자신의 길을 올곧게 걸어가는 것은 물론이고 숱한 흔들림 속에서도 자유롭기 때문이다. 반대로 하루에도 여러 번 울고, 웃고, 섭섭해하고, 미워하는 감정이 몰아친다면 이것도 정상적이지는 않다. '천번은 흔들려야 어른이 된다'는 말의 궁극적인 방점은 '어른은 이제 흔들리지 않는다'이다.

무엇보다 많은 사람이 존경하거나 위대하다고 말하는 사람들은 대부분 잠깐 흔들릴 수는 있어도 결국에는 자신의 중심을 잡아가는 사람들이다. 마블 영화에 등장하는 히어로들도, 역사 속 구국의 영웅들도, 동양 고전에 등장하는 성인군자들도 인간적인 괴로움은 있을지언정 결국 흔들리지 않고 나아간다.

21세기의 현대사회를 살아가는 우리들도 이런 경지에 오를 수는 없을까? 지금과는 차원이 다른 저 높은 경지까지는 아니더라도, 최소한 그 아랫단에 올라탈 수만 있어도 훨씬 더 편안하면서도 단단하게 살아갈 수 있을 텐데 말이다.

단순한 감정에서 복합적인 감정으로

탁월한 가야금 연주자이자 작곡가인 우륵(于勒)은 애초 가야인이었지만 훗날 신라로 망명했다. 가야에서 살던 시절 그는 매우 심혈을 기울여 열두 곡의 가야금 연주곡을 지었다. 특히 경상도 각 지명을 기준으로 하고 그 지역의 놀이를 바탕으로 했으니, 정성을 들인 것은 틀림없다. 이후 신라에서 살게 된 우륵은 신라 왕의 명에 따라 제자들에게 이 열두 곡을 가르치도록 했다. 스승이 만든 음악이니 단연 감탄하고 감동해야 했지만, 제자들은 그러지 않았다. '지나치게 번거롭고 감성을 자극한다'고 평가하면서 열두 곡을 뜯어고쳐 다섯 곡으로 압축했다. 당시의 가야금 연주는 오늘날 우리가 듣는 음악과는 다르게 정악(正樂)을 추구했다. 마음을 지나치게 들뜨게 하지 않으면서도 풍류를 즐기는 상류층의 음악이었다.

제자들로부터 낮은 평가를 받기는 했지만 스승 우륵으로서는 이 같은 상황이 다소 황당하기도 했을 것이다. 처음에는 원곡을 훼손했다는 생각에 화를 내기도 했지만, 제자들이 다시 고친 음악을 찬찬히 여러 번 들으니 그리 나쁘지 않았다. 우륵은 제자들의 편곡을 이렇게 평가했다.

즐겁지만 막되지 않고, 슬프지만 비탄스럽지 않다.

고사성어로는 낙이불류 애이불비(樂而不流 哀而不悲)다. 이후 이 말은 인생을 살아가는 훌륭한 자세로 전용되어 널리 쓰였다. 살면서 기쁜 일이 있더라도 너무 기뻐하지 말고, 슬픈 일이 있더라도 너무 슬퍼하지 말라는 의미다. 정악이 감정을 과도하게 고양시키지 않고 또한 축 늘어지게 하지 않듯, 삶에서도 이런 자세가 필요하다. 그런데 이러한 조언을 단지 '감정의 균형을 잡아라' 정도로만 받아들이기에는 너무 아깝다. 고통을 감내하는 능력을 키우라는 현대적인 조언이자 흔들리지 않으면서 담담하게 살아가라는 지혜도 전해주고 있기 때문이다. 더 나아가 '감정은 언제든 변하니 그것을 관찰하며 받아들이라'라는 통찰도 함께 담겨 있다.

인간은 나이가 들어가면서 감정의 스펙트럼이 다소 넓어진다. 단순한 감정만 느끼다 점점 더 복잡한 감정을 느낀다. 예를 들어 아기의 감정은 단순하다. 좋으면 웃고, 싫으면 운다. 하지만 나이가 들면 둘 이상의 감정이 복합적으로 작용한다. 시원하면서도 섭섭하고, 얄밉지만 귀엽기도 하고, 마음에 들지 않지만 존경스러운 감정도 생긴다. 이렇게 감정이 점점 더 복잡해지면 생각과 마음도 복잡해진다. 여기에 회한, 안타까움, '내가 왜 그랬을까?'라는 자기반성적 감정까지 겹치면, 흔들리지 않고 살아간다는 것이 정말로 쉽지 않은 일로 여겨질 수 있다.

'파국화'에 이르기 전에

우리는 살면서 여러 가지 경험을 하고, 나름의 해석을 하게 된다. 그런데 이 해석의 과정에 여러 인지적인 왜곡 현상들이 개입한다. 가장 대표적인 것이 바로 '파국화'이다. 미국 인지심리학의 기초를 다진 앨버트 엘리스Albert Ellis가 고안한 심리 용어로, 부정적으로 생각되는 일련의 사건이 발생하면 그것을 과장해서 최악의 결과를 예상하는 것을 말한다.

미국 오하이오대학교에서 이 파국화를 주제로 실제 실험을 한 적이 있었다. 스물네 명으로 이루어진 한 그룹은 낮 시간 중 60퍼센트 이상 걱정을 하는 사람들이고, 또 다른 한 그룹은 5퍼센트 정도만 걱정하는 사람들이었다. 이들에게 공통적으로 '만약 매우 중요한 시험을 망친다면 어떤 일이 발생하리라 생각하는가?'라고 질문했다.

우선 걱정을 많이 하지 않는 그룹은 다소 상식적인 차원에서 대답했다. '좋은 직장을 구하기는 쉽지 않을 것 같다', '직장을 구해도 급여가 적을 것이다', '원하는 만큼 돈을 벌지 못해 불행할 것 같다' 등이었다. 하지만 원래 걱정이 많던 그룹은 매우 심각한 대답을 했다. '미쳐버릴 것 같다', '약물에 의존할 것 같다', '죽고 싶을 것 같다', '인생에서 자신감을 완전히 잃을 것 같다'고 대답한 것이다. 이들 그룹은 '자신의 경험-해석-예측'으로 나아가는 과정이 널뛰듯 했다. 물론 이러한 과도한 인지 왜곡을 하는 사람이 얼마나 많겠냐고 반문할 수도 있다. 하지만 생각보다 많은 것이 현실이다.

한국보건사회연구원이 지난 2017년에 펴낸 '한국 국민의 건강행태와 정신적 습관의 현황과 정책대응 보고서'에 따르면 응답자 1만 명 중 91퍼센트가 사고 과정에서 인지 오류에 해당하는 사고 습관을 지니고 있는 것으로 나타났다. 그런데 그 내용을 보면 의외로 우리가 상식이라고 말하는 것도 정신의학계에서는 '인지적 오류'로 분류한다는 사실을 알 수 있다.

- 하나를 보면 열을 안다고 생각한다. (선택적 추상화 인지 오류)
- 어떤 일을 결정할 때 사람들이 내 의견을 묻지 않는다면 그것은 나를 무시하는 것이다. (임의적 추론 인지 오류)
- 세상 모든 일은 옳고 그름으로 나뉜다고 생각한다. (이분법적 사고 인지 오류)
- 어려운 일에 직면하면 회피하는 것이 최선이다. (자기 도피 인지 오류)
- 어떤 일을 시작하기도 전에 시간이 없거나 잘못되지 않을까 생각한다. (걱정 인지 오류)
- 내가 다가가자 사람들이 하고 있던 이야기를 멈추면 나에 대해 안 좋은 이야기를 하고 있던 것이 틀림없다고 생각한다. (개인화 인지 오류)

이러한 인지 오류는 앞에서 살펴봤던 '파국화'와 크게 다를 바 없이 취급된다. 하지만 한국인의 91퍼센트가 최소한 하나 이상의 인지 오류를 가지고 있다고 해서 한국인의 정신 건강을 의심

할 필요는 없다. 그냥 연구 자체에서 외국인이 배제되었을 뿐, 정신적으로 건강한 사람이라도 대부분 한두 가지의 인지적 오류는 가지고 있다. 중요한 것은 우리가 하는 경험에 대한 해석, 그리고 그로 인해 느끼는 감정이 언제든 오류일 수 있다는 사실을 받아들일 가능성을 열어놓아야 한다는 점이다.

잠적의 달인, 범려

우리의 생각이나 감정에 언제든 오류가 있을 수 있다면 우리는 평소 어떤 태도를 가져야 할까? 답은 아주 간단하다. 일단 그런 생각이나 감정이 들더라도 너무 믿으면 안 된다. 조금 시간을 두고 다시 생각해 보고, 확실해질 때까지는 완전한 결정을 미루는 것이 좋다. '낙이불류 애이불비'라는 우륵의 말이 빛을 발하는 것은 바로 이 지점이다. 살면서 너무 기쁜 일이 생긴다면? 잠시 환호할 수는 있어도 굳이 대단히 기뻐할 필요는 없다. 만약 슬픈 일이 생긴다면? 슬픈 감정이 파도처럼 밀어닥치겠지만, 그렇다고 너무 슬퍼할 필요도 없다. 그것이 결과적으로 진짜 슬픈 일이 아닐 수도 있기 때문이다. 이러한 삶의 태도가 정착된다면, 그때부터 수시로 흔들리는 일이 줄어들고 조금 더 차분하고 안정적으로 살아갈 수 있게 된다. 한마디로 '담담한 인생'이 펼쳐진다는 이야기다.

담담(淡淡)은 차분하고 평온하다는 의미도 있지만, '어떤 느낌이나 생각에 마음을 두지 않고 무관심하다'는 의미도 함께 지니고 있다. 이런 인생이야말로 진정한 자기중심을 잡고 살아가는 인생이며, 겉으로 끓어넘치는 쾌락은 없을지언정 내면을 풍요롭게 하는 잔잔한 희열이 함께하는 인생이다. 특히 이런 사람들은 홀연히 떠나는 일을 매우 잘해낸다. 즐거운 일에도 얽매이지 않고 슬픈 일에도 침식당하지 않을 수 있기 때문이다.

가장 대표적인 인물이 『삼국지(三國志)』에 등장하는 범려(范蠡)다. 그는 한마디로 언제든 홀연히 떠나는 '잠적의 달인'이라고 해도 과언이 아니다. 범려는 처음 월나라 왕을 도우면서 정치를 시작했다. 월나라는 애초에 숙적 오나라의 위협을 받으면서 멸망의 위기까지 내몰렸지만, 범려가 각종 계책을 써서 오나라의 힘을 빼기 시작했고, 결국 오나라를 멸망시키고 월나라 왕이 절대군주가 될 수 있도록 도왔다. 이즈음 되면 범려도 큰 공을 내세워 부귀영화를 누릴 수 있었건만, 그가 했던 일은 사직서를 내는 것이었다. 월나라 왕은 크게 놀라면서 "과인이 오늘의 지위에 오른 것은 오로지 자네 덕분인데, 나를 버리고 도대체 가긴 어딜 간다는 말이오?"라고 말렸다. 하지만 그날 밤 범려는 짐을 꾸려 홀연히 떠나버리고 말았다.

이후 그의 모습이 목격된 곳은 제나라였으며 이름마저 치이자피(鴟夷子皮)로 바꿨다. 그는 장사 수완을 발휘해 큰 재산을 모아 가난한 사람들을 구제하며 민심을 얻었고, 이를 통해 알게 된 제나라 왕이 그를 재상으로 임명했다. 하지만 역시 오래가지 않아 "고귀한 자리에 너무 오래 머무는 것은 좋지 않습니다"라며 또다시 가진 재산을 전부 사람들에게 나눠주고 잠적해 버리고 말았다. 이후에 그가 목격된 곳은 도(陶)라는 마을이었다. 역시 또 한 번 이름을 도주공(陶朱公)으로 바꾼 상태였다. 무슨 스파이도 아니면서 범려는 왜 자꾸 잠적하고 이름까지 바꿔버렸던 것일까? 바로 자신의 인생이 담담하기를 바랐기 때문이다. 좋은 일이 생겨도 이를 버리고 사라질 수 있는 것은 정말이지 큰 용기가 아닐 수 없다. 결국 그는 스스로 '어떤 느낌이나 생각에 마음에 두지 않고 무관심하게 살아가는' 담담한 인생을 실천했다. 그래서 권력에 의해 토사구팽당할 처지에 이르지도 않고, 재산을 질투한 사람들로 인해 위험할 상황에 처하지도 않았다.

우리는 살면서 끊임없이 흔들리고 기울어진다. 마음의 불편감이 사라지지 않고 감정의 쳇바퀴 안에서 빠져나오지 못하는 경우도 많다. 이것을 끊어내는 것이 바로 '담담'이다. 자신이 살던 곳을 버리고, 이름마저 던져버릴 정도로 그 어떤 것에도 얽매이지 않은 범려처럼 살아갈 때, 기울어질 수는 있어도 쓰러지지 않는 생을 이어나갈 수 있을 것이다.

익숙한 나날에 속아
오늘의 소중함을 잊지 마라

생사일여(生死 一如) 물아일체(物我 一體),
내 하루의 가치를 잊지 말라

✿ ✿ ✿

"삶과 죽음은 하나다."

우리의 생각을 압도적으로 지배하고 있는 것 중의 하나가 바로 이분법이다. 선한 것과 악한 것, 좋아하는 것과 싫어하는 것, 새로운 것과 낡은 것이라는 이분법은 빠르고 효율적인 선택을 가능하게 해준다. 그런데 문제는 이 이분법에 매우 큰 단점이 있다는 것이다. 두 가지를 너무 선명하게 대립시켜 파악하는 경향 때문에 서로가 묘하게 얽혀 있는 맥락이라든가, 이분법에 포함되지 않는 애매한 회색 지대가 잘 파악되지 않는다. 더 나아가 이분법은 서로를 상호 배타적으로 평가한다. 마치 서로가 양립하기는 불가능하다는 듯, 하나는 긍정적인 것으로, 하나는 부정적인 것으로 낙인찍어 버리고 둘 사이에 우열을 매긴다.

문제는 이러한 이분법적 사고가 생각의 영역에서만 작동하는 것은 아니라는 점이다. 심리학계의 연구 결과에 따르면 이분법적 사고가 자신에게 과도하게 적용되면 부정적인 기분과 부정적인 자기 평가가 더욱 강해지고, 그 결과 내면의 혼란과 동요가 매우 가속화된다. 따라서 마흔 이후의 인생에서는 이러한 이분법에서 다소 벗어날 필요가 있다. 그러면 부정적인 감정이 줄어들고 몰입력이 높아져 행복감을 조금 더 상승시킬 수 있다.

물과 물결의 관계, 공덕천과 흑천

동양철학의 가장 큰 특징 중의 하나라면 단연 이분법에 대한 거부다. 상호배타적으로 평가되는 두 가지가 실은 하나에 불과하며, 이분법적 시각으로 바라보는 것은 그 자체로 사물과 현상을 제대로 보지 못하는 것이라고 보기 때문이다.

당나라 시대의 대표적인 불교서적인 『법원주림(法苑珠林)』에는 두 여자에 대한 이야기가 나온다. 어느 날 한 여자가 문을 두드려 주인이 나가보니 절세의 미녀가 서 있었다. 여자에게 어떻게 왔느냐고 물어보자 이렇게 대답했다.

> 나는 공덕천(功德天)이다. 내가 누군가의 집에 이르면 복을 구
> 하던 자가 복을 얻고 지혜를 구하던 자는 지혜를 얻는다. 아
> 들을 빌면 아들을 낳고, 딸을 빌면 딸을 낳는다. 무슨 소원
> 이든 다 뜻대로 이룰 수가 있다.

주인은 너무나 감격한 나머지 목욕재계를 한 뒤 공덕천을 모
셔 와 집에서 가장 좋은 방을 내주었다. 그런데 잠시 후에 또 다
른 여자가 문을 두드렸다. 그런데 그 외모가 봐주기 힘들 정도로
추했다. 주인이 또 어떻게 내 집에 오게 됐느냐고 묻자 여자는 이
렇게 대답했다.

> 나는 흑천(黑天)이다. 내가 누군가의 집에 이르면 부자가 가
> 난해지고, 귀한 자는 천하게 된다. 어린아이가 요절하고, 젊
> 은이는 병들고, 남자는 대낮에 슬피 울고 여자는 밤중에 흐
> 느낀다.

주인은 손사래를 치며 흑천을 내쫓으려고 했다. 그러자 먼저
와 있던 공덕천이 나서며 말했다.

안 된다. 나를 섬기려는 자는 또한 저 사람도 섬겨야 한다. 나와 저 사람은 형상과 그림자의 관계요, 물과 물결의 사이이며, 수레와 바퀴의 관계다. 내가 아니면 저도 없고, 저가 아니면 나도 없다.

결국 주인은 놀라 경악하면서 공덕천과 흑천을 모두 내쫓고 말았다. 이와 비슷한 맥락의 이야기는 도덕경에도 등장한다.

화(禍)는 복(福)이 의지하는 곳이고, 복은 화가 숨어 있는 곳이다.

불행과 행운, 좋은 것과 나쁜 것은 서로가 서로에게 의지하며, 궁극적으로는 같은 것이라는 동양 고전의 사상을 여실히 보여주는 일화다.

1년에 사단 전체의 인원이 사라진다

이것은 모든 것을 이분법이 아닌 하나의 '덩어리'로 파악하는 사고법이라고 할 수 있다. 곰곰이 반추해 보면 충분히 일리 있는 말이기도 하고, 또 이러한 덩어리적 사고를 하게 되면 삶을 좀 더 현명하게 받아들일 수 있게 되기도 한다. 우리의 일상에서도 행복과 불행은 선명하게 구분하기 힘들고, 좋은 일과 나쁜 일도 수술 칼로 도려내듯 분리해 낼 수가 없다. 물론 우리는 살면서 끊임없이 불행한 상황과 위기에서 벗어나려고 노력하지만, 거기서 완전히 벗어나기는 힘들다. 따라서 행복하기만 한 사람은 있을 수 없고, 늘 불행에만 찌들어 사는 사람도 없다. 모두 각자 다른 크기의 덩어리가 있을 뿐, 매한가지다. 이렇게 생각하면 조금 더 편안해진 마음으로 인생을 담담하게 살아갈 수 있다.

그런데 이러한 '덩어리적 사고'가 충분히 유익하다는 사실을 알면서도 쉽게 받아들이기 힘든 것이 있다. 바로 '삶과 죽음은 하나다'라는 생사일여(生死一如)와 '사물과 나는 하나다'라는 물아일체(物我一體)다. 이 두 가지는 불교는 물론 동양 고전 내내 강조되는 매우 중요한 말이다. 덩어리적 사고가 삶에 다소간의 도움이 된다고 한들, 이 두 가지 생각은 덩어리여도 너무 덩어리다. 내가 살아 있는 상태와 죽어 있는 상태가 어떻게 같을 수 있단 말인가? 또 세상은 주관과 객관으로 명확히 나뉘어 있는데 그것마저 하나라고 말하면 이는 너무 심한 것이 아닌가? 이 말은 일상을 살아가는 우리에게는 실질적인 의미가 없는 말이라고 해도 과언이 아니다. 하지만 조금만 달리 해석해 보면, 이 두 가지야말로 우리 삶에 큰 에너지를 줌과 동시에 자신을 좀 더 고양시킬 수 있는 궁극적인 길 가운데 하나가 되어준다.

우선 생사일여(生死一如)는 우리에게 매일 감사가 솟아나게 하는 마법과 같은 주문이다. 우리는 오늘도 힘차게 하루를 살아가지만, 사실 언제 죽어도 그리 이상한 상황은 아니다. 질병, 사고, 재난과 재해로 매일 상당한 사람이 사망에 이른다. 우리나라에서만 1년에 교통사고로 사망하는 사람이 1만 2,000명에 달한다. 군대로 따지자면 1년 만에 사단 하나가 전부 사라지는 셈이다. 이뿐만이 아니다. 축제에 놀러갔다가 죽을 수도 있고, 여행을 즐기고 나서 내 나라로 돌아오다가 죽을 수도 있다. 내가 그 사고의 주인공이 아니어서 다행일 뿐이지, 그 사건이 나에게 닥치지 말라는 법은 없다.

생사일여, '삶과 죽음은 하나'라는 이야기는 언제 죽어도 이상할 것 없는 내가 오늘도 살아가고 있는 이 기적 같은 현실을 찬양하는 말이다. 나 자신뿐만이 아니다. 언제 죽어도 이상할 것이 없는 나의 아내나 남편이 오늘도 살아서 나를 챙겨주는 것, 언제 죽어도 이상할 것이 없는 친구가 여전히 살아서 나에게 '좋은 하루 보내'라며 카톡을 보내주는 것도 마찬가지다. 이런 현실을 감안해 볼 때 삶은 기쁨을 넘어 환희에 가깝다. 매일 익숙한 아침이 시작되고 별일 없이 밤이 된다고 속아서는 안 된다. '오늘 하루'는 내가 아무런 대가를 치르지 않아도 되는 기적 같은 선물이다.

일상에서 수도승이 되는 법

물아일체(物我一體)는 자아와 세계, 물질계와 정신계가 어울려 하나가 된다는 말이다. 매우 수준 높은 해탈이나 열반의 차원이라면 '뭐 그럴 수도 있겠지'라고 생각하겠지만, 이 같은 경지는 보통 나와는 별로 관련이 없는 것처럼 느껴진다. 그런데 신경학적으로 보면 이 말은 이성적 판단을 약화시켜 세상과 나의 경계를 흐릿하게 함으로써 오랜 수행을 한 수도승이나 수녀처럼 평화로운 상태로 진입하게 하는 것을 말한다.

　미국의 의사이자 신경과학자인 앤드루 뉴버그Andrew Newberg와 유진 다퀼리Eugene d'Aquili는 신경학과 종교적 영성의 관계를 깊이 탐구한 학자들이다. 그들에 따르면 나와 세상을 명확하게 구분하는 기능은 좌뇌에서 담당한다. 우리는 보통 시각적인 관찰이나 감각을 통해서 '나 vs 세계'를 인식한다. 모니터와 자판이 내 앞에 있다면 그것은 '객관'이고, 그 앞에서 모니터를 보고 자판을 치는 나는 '주관'으로 인식한다. 합리성의 세계에서 보자면 이 객관과 주관의 인식은 완벽하다. 그런데 매우 논리적이고 합리적인 생각을 주도하는 좌뇌의 기능이 약화되면서 주관과 객관의 경계가 흐릿해지면 나와 세상의 구분이 없는 상태, 즉 물아일체가 이루어진다. 중요한 점은 이때 우뇌의 기능이 활성화되면서 평화, 사랑, 공감, 기쁨의 감정이 서서히 번져나가기 시작한다는 것이다. 이제껏 주도했던 좌뇌의 힘이 약화되면서 행복을 불러오는 우뇌가 활약하게 된다.

두 신경과학자는 티베트의 수도승과 프란체스코 수도회의 수녀들을 대상으로, 그들이 '명상이 절정에 달했다'거나 '신과의 합일을 이뤘다'고 말하는 순간의 뇌를 관찰한 적이 있다. 그 결과 좌뇌의 기능이 현저하게 저하되고 우뇌가 활성화되는 것을 확인했다. 결국 내 이성적 능력이 약화되는 물아일체가 행복으로 가는 매우 중요한 길 중 하나라는 이야기다. 물론 이러한 연구 결과가 '종교를 과학으로 환원시켰다'라는 비판을 받을 수도 있다. 하지만 종교든 과학이든, 물아일체의 상태에서 우리 뇌에 분명한 변화가 시작되고, 그에 걸맞은 효과가 발생한다는 것만큼은 부인할 수 없는 사실이다.

물아일체는 꼭 명상을 하거나 기도를 할 때에만 생기는 것은 아니다. 마음을 가라앉히고 세상에 대한 전투적인 자세를 버릴 때, 조용히 자연과 교감할 때, 과격한 욕망을 버리고 행동을 자제할 때에도 나와 세상의 경계는 흐릿해진다. 누군가를 사랑할 때

마치 세상이 나와 연인을 중심으로 돌아가는 것 같은 느낌이 드는 것도 결국은 물아일체의 상태다. 세상을 이분법으로 구분하지 않는 덩어리적 사고 그리고 생사일여와 물아일체라는 무기를 늘 품고 있다면, 매일을 살아가는 태도가 조금은 달라질 수 있을 것이다.

좋은 행동을 하려 하지 말고
후회할 행동부터 줄여라

살계취란(殺鷄取卵), 단기적인 관점에서 벗어나면
후회할 행동이 줄어든다

＊ ＊ ＊

"많이 보고 그중에서 위태로운 것을 빼면
후회가 적어질 것이다."

후회하지 않는 사람은 없지만, 그 후회가 현재의 나에게 계속해서 브레이크를 걸 때가 있다. 자신감을 잃게 하고, 주춤거리게 하면서 과감한 전진을 방해하는 것이다. 동시에 '지금 하는 일도 나중에 후회가 되면 어쩌지?'라고 걱정하기까지 한다면 마음에 무거운 돌덩이를 얹는 것이나 마찬가지다. 이럴 때는 더 나은 선택, 더 효과적인 행동을 하겠다는 생각보다는 '우선 후회할 일부터 줄여보자'는 태도가 오히려 힘을 내는 데 도움이 될 수 있다.

『논어』는 "많이 듣고 그중에서 의심스러운 것을 빼면 허물이 적어질 것이다. 많이 보고 그중에서 위태로운 것을 빼면 후회가 적어질 것이다"라고 말한다. 더 나은 것, 최선의 것을 행하기보다는 일단 의심스럽고 위태로운 일을 하지 않는 것만으로도 후회할 일이 적어진다는 이야기다. 무엇보다 마흔의 나이가 되었음에도 후회할 일을 계속 쌓아가면 나중에 심리적으로 피폐해질 가능성이 매우 높다. 첩첩산중. 너무 많은 산이 겹치고 겹쳐져 있는 곳에 홀로 있다면, 여간해서 헤쳐 나오기가 쉽지 않다.

후회의 핵심은 했거나 하지 않은 일

후회(後悔)는 어떤 선택이나 행동을 하고, 시간이 다소 흐른 뒤에 뉘우친다는 말이다. 어떤 면에서 보자면 매우 결과론적인 말이 아닐 수 없다. 당장 그 행동을 하는 시점에서는 훗날 후회할지 아닌지 알 수 없기 때문이다. 따라서 어떤 선택이나 결정을 할 당시에 '내가 지금 하는 행동을 나중에 후회할 것인가, 후회하지 않을 것인가'라고 질문하는 것은 의미가 없다. 누구나 당시에는 그것이 최선일 것이기 때문이다. 따라서 현 시점에서 미래의 후회를 감지하려면 조금 다른 기준이 필요하다. 이를 세 가지로 요약해 보면 단기적인 이익, 과도한 감정, 본질이 아닌 외형에 휘둘리는

지 살피면 된다. 이 세 가지에 의해 결정되는 판단과 행동은 훗날 후회할 가능성이 상당히 높다.

우선 단기적인 이익에 눈이 팔리는 일을 줄이면 분명 후회도 줄일 수 있다. 사람은 당장 눈앞의 보이는 이익에 매우 민감하게 반응하는 것이 일반적이다. 하지만 이러한 단기적인 이익은 장기적인 이익의 토대를 허물 때가 많다.

후회의 핵심은 '그때 그걸 했어야 했는데…', 혹은 '그때 왜 그렇게 했을까'이다. 그렇다면 왜 과거에는 그걸 하지 않았을까? 그리고 왜 하지 않아야 할 것을 했을까? 참고 인내하면서 장기적인 관점을 가지는 것이 힘들고 불편했기 때문이다. 결국 대부분의 후회는 당장의 이익을 얻고 싶은 마음에 손쉬운 선택을 했을 때 생긴다. 개인의 인생에서는 물론이고 기업 경영과 투자에서도 마찬가지다. 단기적인 성과를 압박하는 기업은 결코 장수하는 기업이 될 수 없으며, 짧은 기간에 수익을 올리는 투자 행위가 계속해서 성공한다는 것은 망상에 가깝다. 고전에도 이러한 단기적인 이익을 얻는 행위에 대한 경고가 많다.

살계취란(殺鷄取卵)은 닭의 배를 갈라서 달걀을 얻는다는 의미다. 이솝 우화에서 황금알을 낳는 거위의 배를 가른 행위와 진배없다.

『논어』에는 견리사의(見利思義)에 대한 이야기가 나온다.

이익이 보이면 의리를 먼저 생각하라.

이 말은 친구지간에서 이익보다는 의리를 먼저 생각하라는 의미로 들리지만, 꼭 의리가 아니더라도 당장 눈앞에 보이는 이익을 취하는 게 합당한지 생각하라는 의미다. 그리고 그 이익을 선택했을 때는 이제까지 오랜 시간 동안 쌓아왔던 의리마저 날아갈 수 있음을 경고하고 있다.

읍참마속의 진짜 의미

당장 내 마음을 뒤흔드는 과도한 감정에 이끌리는 행동도 주의해야 한다. 후회할 만한 일의 대부분은 감정에 치우친 선택을 했을 때 생긴다. 여기에서 중요한 점은 '치우친다'는 것이다. 우리의 모든 선택과 행동에는 반드시 감정이 개입되긴 하지만, 이성을 앞지르는 감정적 선택은 반드시 후회를 낳는다.

'울면서 마속의 목을 벤다'는 의미의 읍참마속(泣斬馬謖)은 법의 집행에서는 예외가 없어야 위엄이 선다는 의미로 많이 사용되거나, 큰 목적을 위해서는 자신이 아끼는 사람도 희생시켜야 한다는 의미로 해석된다. 하지만 이 이야기의 다른 한편에는 감정에 치우친 결정을 내렸던 제갈공명(諸葛孔明)의 후회가 담겨 있다.

제갈공명은 마속과 평소에 매우 가까운 사이였다. 상관과 부하 이전에 스승과 제자의 관계이기도 했으며, 공명 역시 마속의 총명함을 매우 높이 평가했다. 그러다 보니 공명은 군사 전력을 논할 때에도 자주 마속의 의견을 구했다. 문제는 조조의 명장이었던 사마의(司馬懿)의 20만 대군과 마주했을 때 발생했다. 공명은 본격적인 전투를 치루기 전에 군량미를 수송하던 통로였던 가정(街亭) 지역을 수비할 장수가 필요하다고 여겼다. 그때 선뜻 마속이 지원했다. 하지만 그때 공명은 속으로 의구심이 들었다. 아무리 마속이라고 하더라도 명장 사마의와 싸우기에는 역부족이라고 생각했기 때문이다. 하지만 이때 마속의 한마디가 공명의 감정을 흔들었다.

제가 가진 실력으로 어찌 가정 땅 하나 지켜내지 못하겠습니까? 만일 제가 패배하게 되면 저는 물론이고 제 가족들까지 모두 참형을 해도 원망하지 않겠습니다.

자신의 가족까지 걸면서 호소하는 마속의 다짐에 결국 공명은 이성적 판단이 아닌 감정적인 판단을 하고 말았다. 가정 땅을 지키던 마속은 끝내 대패했다. 공명은 엄연한 군율에 따라서 마속을 처형해야만 했다. 제갈공명은 마속이 형장으로 끌려가자 소맷자락으로 얼굴을 가리고 마룻바닥에 엎드려 통곡을 했다. 공명이 흘린 눈물의 씨앗은 결국 애초에 그가 감정에 치우친 판단을 한 데서 비롯되었다. 마속이 결의를 내비칠 때 공명이 냉정하고 합리적으로 판단해 내쳤더라면 마속도 살리고, 전쟁에서도 패하지 않았을 테니 말이다.

양은 호랑이의 가죽을 걸쳐서는 안 된다

마지막 세 번째는 본질이 아닌 외형에 따라 판단과 결정을 할 때이다. 자신의 진정한 가치관에 따르지 않고 외형의 화려함에만 혹해서 선택을 하는 경우를 의미한다. 퇴직 후의 연금만 보고 공무원을 선택한 사람은 일상적으로 해야 하는 대민 봉사 업무를 견디지 못해 정년에 이르기가 무척 어렵고, 상대가 예쁘고 잘생겼다는 이유만으로 결혼 대상자로 선택한다면 늙어가면서 상대의 추함을 견디기 힘들어진다. 진짜 하고 싶은 공부가 아닌 대학의 간판만 보고 진로를 결정한다면, 역시 평생 만족스러운 선택을 하기는 힘들다. 자신의 머리로 생각해서 자신에게 맞는 선택을 하는 것이 아니라, 타인의 머리로 생각해서 '좋아 보이는 것'을

선택하는 것은 늘 후회를 남기기 마련이다. 처음에는 번지르르
해 보여 잘한 선택이라고 생각할지 모르지만, 결국에는 마음 깊
이 만족감을 느끼지 못하고 왠지 허한 기분에 사로잡히고 만다.

한나라 양웅의 『법언(法言)』에는 이런 이야기가 나온다.

> 혹자가 '어떤 사람이 공자의 문하에 들어가 그 안채에 올라
> 공자의 책상에 엎드리고 공자의 옷을 입는다면 그 사람은
> 공자라고 할 수 있습니까?'라고 하니, '그 무늬는 그렇지만
> 그 바탕은 아니다'라고 대답하였다. 혹자가 다시 '바탕이란
> 무엇을 말하는지요'라고 물으니, '양은 그 몸에 호랑이 가죽
> 을 씌워놓아도 풀을 보면 좋아서 뜯어 먹고, 승냥이를 만나
> 면 두려워 떨며 자신이 호랑이 가죽을 뒤집어썼다는 사실
> 을 잊어버린다'라고 답했다.

양의 모습이지만 호랑이의 가죽을 걸쳤다는 뜻의 양질호피(羊
質虎皮)라는 고사성어의 배경이 되는 이야기다. 이 격언은 겉모습
은 화려하지만 내실이 빈약해지는 것을 의미한다. 우리의 선택
도 마찬가지다. 화려해 보이지만 본질적이지 않은 것들을 기준
으로 삼아 무언가를 선택하게 되면 결국 세월이 흘러 후회할 수
밖에 없다.

우리가 후회할 일을 줄여야 하는 이유는 단순히 감정과 에너지의 소모를 줄여야 해서만이 아니다. 잦은 후회는 궁극적으로 자신의 성장에 방해가 되기 때문이다. 19세기 영국 문학을 대표하는 작가 오스카 와일드Oscar Wilde는 "자신의 경험을 후회하는 것은 자신의 성장을 멈추게 하는 일이다"라고 말했다. 인생은 끝없는 선택의 연속이고 계속되는 판단의 행진이다. 최소한 단기적인 이익, 과도한 감정, 본질이 아닌 외형에 의한 결정만 줄여나가도 더 나은 행동, 더 올바른 판단으로 나아가는 도약의 길을 걸어갈 수 있을 것이다.

매력적인 사람은 완벽한 사람이 아니라, 결점이 있어도 빛나는 사람이다

매독환주(買櫝還珠),
무엇보다 중요한 마흔의 멋과 매력

✿ ✿ ✿

"상자를 사고 구슬은 돌려준다."

인생을 극단적으로 압축해 본다면 '자신의 삶을 잘 꾸려나가고 타인과 좋은 관계를 맺는 일'이라 할 수 있다. 그래서 많은 사람이 단 한 번뿐인 인생을 멋지게 살고, 타인에게 매력적으로 보이고 싶어 한다. 누군가 이 두 가지를 훌륭히 해낸다면, 주변 사람 모두가 '참 잘 살아온 인생'이라고 평가하기를 주저하지 않을 것이다. 하지만 과연 무엇이 멋진 인생이고, 어떤 사람이 매력적인 사람일까?

'멋지다'와 '매력적이다'라는 표현은 일상적으로 자주 사용되지만, 막상 진지하게 정의하는 게 쉽지만은 않다. 사람마다 기준이 다르기 때문에 이러한 개념은 지극히 주관적이라는 생각이 들기도 한다. 심지어 우리가 알고 있는 거의 모든 이상적인 특성을 결합하는 것만으로도 '멋지다'라거나 '매력적이다'라는 범주에 쉽게 포함될 수 있다. 성실, 노력, 열정, 선함, 배려, 높은 자존감… 그 어느 것 하나 멋지지 않은 것이 없다. 물론 각자 중요하게 생각하는 것에 중점에 두고 사는 것만으로도 충분하지만, 고전 속 이야기와 현대의 연구 결과를 참고하면 멋진 인생을 살아가면서 매력적인 사람이 되는 데 적지 않은 도움을 받을 수 있다.

정작 진주는 버리고 진주 상자를 사다니

주인이 손님이 되고 손님이 주인이 되는 주객전도(主客顚倒)의 상황은 매우 비정상적이다. 주인은 온당한 권리를 행사하지 못하고, 손님은 과도하게 허세를 부릴 수 있기 때문이다. 마흔이라는 인생의 멋과 매력을 바라볼 때에도 이런 주객전도의 상황에서부터 먼저 벗어날 필요가 있다.

『한비자』에는 외형과 내실, 형식과 본질이 뒤바뀌는 상태를 언급하는 내용이 등장한다.

초나라의 어떤 이가 정나라에 가서 진주 구슬을 팔려고 했다. 그러다 보니 진주 구슬을 담는 상자도 좀 예쁘게 꾸미고 싶어졌다. 그는 고급스러운 백목련나무로 상자를 만들고, 계피와 후추를 향료로 삼아 상자에 그 향기가 은은하게 배도록 했다. 거기다 아름다운 보석인 비취로 상자를 장식했다. 이 상자에 진주 구슬를 넣어 팔기 시작하자 한 사람이 선뜻 구매했다. 그런데 이 사람은 구슬을 꺼내 돌려주고는 상자만 들고 가버렸다. 초나라 사람이 정작 팔고자 했던 것은 진주였지만, 정나라 사람이 막상 사고 싶었던 것은 상자였던 셈이다. 이 이야기에서 탄생한 고사성어가 바로 '상자를 사고 구슬은 돌려준다'는 의미의 매독환주(買櫝還珠)다. 정작 중요한 것은 진주 구슬이지만, 상자가 그 역할을 대신한 것이다.

젊은 시절의 멋과 매력은 대체로 외형적인 것, 형식적인 것에 치중되는 것이 사실이다. 개성적이면서 자신에게 잘 맞는 옷을 입고 액세서리를 하거나 더 예뻐 보이게 화장을 하는 것, 여기에 주변 사람들이 볼 수 있도록 화려한 해외여행이나 맛집 탐방 사진을 올리는 것은 멋있고 매력적인 삶을 유지하는가를 판단하는 중요한 기준이 된다. 물론 그런 것을 추구하고 만족할 나이라는 점에서 충분히 즐길 만하다. 하지만 40대의 삶에서는 내용물을 포장하는 상자가 아닌 정작 중요한 진주 구슬에 집중할 필요가 있다. 물론 나이가 들어도 외모에 신경 쓰는 일은 충분히 권장되지만, 그것이 지나치면 오히려 어색하고 부자연스러워 보일 수 있다. 그러니 40대 이후의 멋과 매력은 외모가 아닌 내면에서 찾아야 한다.

자신에게 충실한 사람들

'무엇이 사람의 매력을 구성하는가'라는 질문은 지난 50년간 심리학계의 관심 중 하나였다. 따라서 인지적 판단 과정에서 소구되는 매력에 대한 다양한 연구가 있었다. 그런데 2010년에 40대를 대상으로 하는 심층적인 집단 면접 방식으로 이를 연구한 논문이 발표되었다.[*] 여기에는 일반 회사에 근무하는 40대 남성 여덟 명과 평생교육원에서 심리학 과목을 공부하는 40대 여성 여덟 명이 참여했다. 각자의 의견을 자유롭게 표현하는 과정에서 추출된 문장을 통해 '어떤 사람에게 매력을 느끼는가?'라는 질문에 대한 결론을 도출해 냈다.

---

[*] 김은숙, 「지각된 중년기 남녀의 대인매력에 관한 심리적 특성 개념도 분석」, 이화여자대학교 대학원 심리학과 박사논문, 2010년 8월.

〈여성 집단〉

- 사람을 소중히 여기고 관계를 잘 맺을 줄 앎.

- 성숙한 인격과 자기실현을 추구함.

- 수용과 자기조절을 통해 행복감을 누림.

〈남성 집단〉

- 사람을 소중히 여기고 관계를 잘 맺을 줄 앎.

- 도전과 자기 관리를 통해 행복감을 누림.

- 일에서의 성취와 성공을 추구함.

　　남녀를 불문하고 가장 많은 의견은 '사람을 소중히 여기고 관계를 잘 맺을 줄 앎'이었다. 조금 풀어 쓰자면, 사람을 좋아하고 다른 사람을 배려하며 우호적인 태도를 보이고 자기 자신을 포함해 모든 인간에 대한 기본적인 존중감과 친밀감을 형성하고 있는 사람이라고 할 수 있다. 또 그 이외의 답변에서 '자기 관리', '자기조절', '자기실현'도 공통적으로 언급되었다. 남성의 경우에는 '도전, 성취, 성공'이 다소 높게 평가되었지만 이 역시 일정하게는 다른 의견들과 궤를 같이한다. 자기 관리 능력이 뛰어나거나 다른 사람과 협업을 잘하는 사람들이 결국 성공할 가능성이 높기 때문이다. 결국 매력적인 사람이란, 의도적으로 매력적으로 보이거나 멋있어지려고 하는 사람이 아니라 자신의 인생과 주변 사람에게 충실한 사람을 의미한다. 이러한 사실을 현실에서 보여주는 에피소드가 있다.

일본 항공사와 외국 항공사에서 16년간 승무원으로 일하면서 일등석 객실을 담당했던 미즈키 아키코는 자신의 경험을 담은 책 『퍼스트클래스 승객은 펜을 빌리지 않는다』를 펴낸 바 있다. 이 책에서 그녀는 일등석 승객들이 공통적으로 갖추고 있는 삶의 태도와 매력적인 모습을 단번에 이해할 수 있도록 자신이 관찰한 그들의 특징을, 일화를 곁들여 흥미롭게 기술하고 있다.

"그들은 정말 흥미진진하게 다른 사람의 이야기를 듣는다. '그래서 어떻게 됐지요?', '그럼, 어떻게 하는 게 좋을까요?' 하면서 상대방의 말을 이끈다. 사람을 내 편으로 끌어들이는 마법의 말, '고마워요'를 사용한다. (…) 일등석 사람들은 승무원에게 고자세를 취하지 않는다. '바쁜 중에 미안하지만'과 같이 완충어구를 덧붙이며 말을 건다."

이러한 내용은 앞에서 본 논문의 결론과 매우 유사하다. 사람들과 관계를 잘 맺고, 친절하며, 배려를 잘한다는 것이다.

산악 지대와 평야 지대 사람의 차이점

매력적인 사람이 되기 위해 앞에서 언급한 여러 덕목을 의도적으로 실천해 볼 수도 있을 것이다. 하지만 언제나 의무감의 힘은 내면에서 우러나오는 자발적인 힘에 비해 약한 것이 사실이다. 그렇다면 우리는 매력적인 사람이 될 수 있는 자발적인 힘의 원천을 어디에서 찾을 수 있을까?

일본을 깊이 있게 연구했던 미국 출신의 학자인 알렉스 커Alex Kerr는 저서 『사라진 일본』에서 자신의 여행을 반추하며 이런 질문을 던졌다.

'교토 사람들은 그다지 타인에게 친절하지 않은데, 도쿠시마현 인근 계곡에 사는 사람들은 왜 유독 타인에게 친절할까?'

그는 교토가 평야 지대이며 도쿠시마현이 산악 지대라는 점, 그리고 양쪽 지역에 사는 사람들이 했던 과거의 경험에 주목했다. 커는 우선 교토 사람들은 영광스러웠던 과거의 끈을 부여잡고 살기 때문에 매사에 긴장 상태에 있고 그 탓에 타인에게 친절하기 힘들다고 생각했다. 거기다 평야 지대는 집단 경작을 하기 때문에 서로간의 경쟁도 치열하다는 이유를 들었다. 반면 도쿠시마현은 산악 지대라서 사냥을 하면서 살기 때문에 경쟁을 할 필요가 없어 독립심이 매우 강하고, 얽매일 과거의 화려한 경험이 없기 때문에 타인에게 훨씬 친절하다는 결론을 내렸다.

커의 이야기 속에는 40대에 매력적인 사람이 될 수 있는 의외의 팁이 숨어 있다. 우선 자신의 과거 경험에 얽매여 후회하거나 그리워하지 말라는 것, 그리고 투쟁과 경쟁의 심리를 내려놓으라는 것이다. 이렇게 하면 자연스럽게 타인과 관계를 잘 맺을 수 있고, 친절하고 배려심 깊은 사람이 될 수 있다. 그런데 더 중요한 사실은 이와 같은 것들이 40대의 새로운 변화에서 매우 중요한 포인트가 될 수 있다는 점이다. 인생의 반이 지났는데도 여전히 과거에 얽매이고 과도한 경쟁 심리에 사로잡혀 있다면 그로 인한 문제는 한두 가지가 아닐 것이다. 많은 연구 결과에서 이러한 사람들은 현재에 집중하지 못하고 우울증과 불안에 시달리며, 심지어 공감 능력까지 떨어졌다. 이런 사람들을 보면서 멋지다거나 매력적이라고 생각하기는 힘들다. '나는 옛날에 이런 사람이었어!'라고 말하면서 자주 자신의 과거를 자랑하는 사람에게 매력을 느낄 수 있을까? 혹은 자주 불안하고 우울한 사람을 멋있다고 할 수 있을까? 결국 멋과 매력의 핵심은 '나'로 되돌아와 나 스스로가 얼마나 근본적으로 성숙한 인격을 갖추고 있는가로 귀결된다. 그리고 바로 이것이 마흔 이후의 삶을 잘 살아내기 위한 근본이 되고, 길이 된다.

공자의 제자 중 한 명인 유약(有若)은 본립도생(本立道生)이라는 말을 했다. '군자는 근본에 힘쓰니, 근본이 서야 길이 생긴다'라는 의미다. 마흔의 멋과 매력이라는 근본을 갖추게 되면, 타인들과 함께 걸어가는 더 넓은 길이 열릴 것이다.

프랑스 소설가 오노레 드 발자크Honoré de Balzac는 이런 말을 한 적이 있다.

"매력적인 사람은 완벽한 사람이 아니라, 결점이 있어도 빛나는 사람이다."

우리 모두에게는 결점이 있다. 남들이 보기에 부족해 보이고 약한 부분도 있겠지만 인간으로서의 멋과 매력이 있다면, 그들은 언제나 당신을 지지하고 함께 있고 싶어 할 것이다.

돈이 없으면 노후가 비참하지만,
돈이 많다고 찬란해지는 것도 아니다

전가통신(錢可通神),
귀신과도 통하게 하는 돈을 어떻게 대할 것인가?

✻ ✻ ✻

"오래 살면 욕된 일이 많고,
부자가 되면 쓸데없는 일이 많아 번거롭다."

마흔이 넘으면서 가장 많은 관심이 가는 것 중 하나가 바로 돈이다. 특히 '노후 대비'라는 말이 점차 절실하게 다가오면서 우리는 본업 이외에도 여러 방법을 통해 더 많은 돈을 벌기를 원한다. 젊은 시절에는 "돈이야 뭐 필요한 만큼만 있으면 되지!"라고 하던 사람도, 결국 나이가 들면서 미래에 대한 두려움이 생겨 돈에 많은 관심을 가지고, 실제로 더 많은 돈을 벌기 위해 애쓴다. 사실 이는 너무도 자연스러운 일이다. 우리가 살아가는 자본주의 capitalism라는 말은 쉽게 번역하자면 그냥 '돈 세상'이다. 돈으로 대부분의 것이 결정되는 세상에서 가장 중요한 것은 역시 돈일 수밖에 없다. 거기다 열심히 일해서 많은 돈을 벌고 그것으로 풍요를 누리며 살아가는 사람을 비난할 이유는 전혀 없다. 그런데 문제는 돈이 가진 막강한 영향력만큼이나, 파괴력 역시 만만치 않다는 점이다. 돈은 때로 우리가 살아가는 목적 자체를 혼란스럽게 할 정도로 몰입하게 하고, 그로 인해 나를 불편함과 고통으로 몰아넣는 주범이 되기도 한다. 물론 그렇다고 돈을 사랑하지 않을 수는 없으니, 최소한 그 집착에서 벗어나는 방법을 고심해 봐야 한다. 몇 가지 생각의 방법만 알고 있어도 마흔 이후 돈에 대한 과도한 집착에서 한 걸음 멀어질 수 있다.

귀신과도 통할 수 있게 하는 힘, 돈

동양 고전에는 종종 귀신(鬼神)이 등장한다. 귀신은 죽은 사람의 혼령이기도 하지만, 대체적으로 매우 강력한 초자연적인 힘, 신성한 힘을 의미한다. 그런데 돈의 영향력을 논할 때 종종 귀신이 등장하는 것을 볼 수 있다.

당나라 시절에 편찬된『유한고취(幽閒鼓吹)』에는 탁월한 관리였던 장연상(張廷賞)에 대한 이야기가 나온다. 그는 고위층이 연루된

범죄 사건을 맡으면서 부하 관리들에게 10일 안에 사건을 해결하라고 엄명했다. 그런데 다음 날 3만 관이라는 적지 않은 돈이 자신의 책상에 올려져 있었다. 그 옆에 놓인 쪽지에는 '이 안건을 더 이상 따지지 않기를 바랍니다'라고 쓰어 있었다. 장연상은 더 크게 화를 내면서 조사에 박차를 가하라고 명령했다. 그런데 하루하루가 지날수록 돈의 액수가 계속해서 불어났다. 다음 날은 5만 관, 그다음 날은 10만 관이라는 큰 액수가 같은 쪽지와 함께 책상 위에 올려져 있었다. 결국 장연상은 이렇게 말했다.

> 10만 관이라는 돈은 귀신과도 통할 수 있는 액수다. 되돌리지 못할 일이 없는 것이다. 이를 거절했다가는 내게 화가 미칠까 두려우니 그만두지 않을 수 없다.

돈은 귀신과도 통할 수 있게 한다는 의미를 지닌 전가통신(錢可通神)의 예다. 물론 '돈의 액수가 너무 커서 받지 않을 수 없다'라는 말은 장연상의 핑계라는 생각을 지울 순 없지만, 어쨌든 그는 결국 돈 앞에 무릎을 꿇었고 사건은 덮어버리고 말았다. 돈과 귀신을 연관 지은 말로 '돈만 있으면 귀신도 부릴 수 있다'는 의미의 전가사귀(錢可使鬼)도 있다. 그 어느 것이든 돈이 지닌 엄청난 영향력을 말해주는 것임에는 틀림없다.

현실이 이렇다 보니 돈에 대한 과도한 몰입을 끊어내기가 쉽지 않고, 평생을 이렇게 돈에 몰입하면서 살아가는 것도 이상하지 않을 정도다. 그러나 우리가 살아가는 세상이 자본주의라서 그렇지, 이와 다른 세상도 분명 있었다. 조선의 양반 사회에서는 아무리 돈이 있어도 학문이 없으면 '천한 것'이라고 평하는 것을 마다하지 않았고, 장사해서 많은 돈을 번 부자를 우대해 주면서도, 돈에 너무 안달복달하면 '상놈'이라고 불렀다. 물론 우리가 그런 시대로 다시 돌아갈 순 없고 돌아갈 필요도 없지만, 지금이 자본주의 사회라 돈에 과도한 가치가 매겨질 뿐, 그렇지 않은 시대도 분명 있었던 것은 사실이다.

요임금은 왜 부자가 되길 거부했을까?

결국 우리는 돈이 주는 영향력을 충분히 인정하면서도 동시에 돈에 대한 집착에서 한 걸음 떨어져 있을 필요가 있다. 이 정도만 해도 돈으로부터 조금은 자유로워지고 마음이 한결 가벼워진다. 다이어트에 성공하지는 못했지만 음식을 보는 집착적 시선에서 벗어난 것만으로도 건강을 지킬 매우 좋은 조건이 형성되듯이, 권력을 양손에 쥐고 있으면서도 '권력은 무상한 거야'라고 생각하면 역시 권력으로 비참해지는 일을 피할 수 있다. 돈을 벌기 위해 열심히 노력하면서도 그것이 절대로 전부가 아니라는 생각을 뼈에 새긴다면 돈에 휘둘리면서 생기는 여러 불편함과 파괴력으로부터 멀어질 수 있다.

돈이 없는 노후는 비참하다고 하지만, 돈이 많다고 노후가 찬란해지는 것도 아니다. 우리는 대체로 돈이 많으면 나이 들어서 여행도 많이 다니고 맛있는 것도 많이 먹으면서 자유롭게 살 수 있을 거라고 기대한다. 물론 당연히 그럴 가능성이 높아지겠지만 실제 경제학적 연구에 따르면 노인이 되면 소비가 상당히 줄어든다. 은퇴 초기에는 크루즈 여행도 하고 비싼 레스토랑에 가기도 하면서 일시적으로 소비가 늘어나지만, 시간이 흐르면서 그러한 소비도 점차 줄어든다. 나이가 들면서 여행하는 것도 체력적으로 힘들어지고, 탈이 날까 두렵기 때문이다. 아무리 맛있는 음식을 보아도 소화가 되지 않을까 걱정부터 든다. 여행을 줄이고, 음식도 본인이 직접 자신에게 맞는 집밥을 만들어 먹는 것이 최고다. 따라서 본격적인 간병비가 들어가기 전까지 소비가 꾸준하게 줄어든다는 것이 연구의 결과다. 그래서 일부 전문가는 '노인이 될수록 부자가 될 가능성이 높다'는 말을 하기도 한다. 동양미래대학교 경영학과 교수로 재직하다 투자로 50억을 번 후 은퇴한 최성락 박사는 이렇게 말한다.

"부자가 되기 가장 쉬운 연령대는 노년이다. 청년, 중장년 때는 아무리 절약하려 해도 돈 쓸 일이 계속 생긴다. 아무리 돈을 많이 벌어도 늘어나는 지출 탓에 돈 모으기가 쉽지 않다. 하지만 노년이 되면 자연스레 소비가 줄면서 돈이 모인다. 그렇게 10년, 20년 이상 돈을 쌓아두다 보면 저절로 부자가 된다."*

물론 일정한 수입이 있고, 소비가 줄어든다는 전제 조건이 필요하지만, 생각만큼 많은 돈이 들어가지 않는 것이 노년의 생활이라는 이야기다. 그런 점에서 '노후 대비'라는 말에 너무 공포심을 가질 필요는 없다. 지금껏 해왔던 것처럼, 앞으로도 자신의 능력 범위 안에서 돈벌이를 해나가는 것만으로도 충분하다. 더욱이 일본의 경우, 노인들이 돈을 쓰지 않는 것이 사회적인 문제가 되기도 했다. 언제 죽을지 몰라 돈을 최대한 아끼다 어느 순간 세상을 떠나는 것이다. 돈이 없어서 못 쓰는 사람도 있지만, 돈이 있어도 못 쓰는 사람도 적지 않다. 그러니 '돈이 많으면 내 인생 후반부는 엄청 자유롭고 찬란할 거야'라는 말에는 과도한 핑크빛 전망이 섞여 있다는 사실을 인정해야 한다.

『장자(莊子)』에는 요임금이 화남성이라는 곳을 방문했을 때의 이야기가 나온다. 어느 하급관리가 요임금에게 "만수무강 하시

*   최성락, 「노인들, 왜 돈 안 쓰고 묵힌 채 세상 떠날까」, 주간동아, 2025. 1. 18

옵소서"라고 말하자 요임금은 "사양하겠노라"라고 답했다. 그러
자 당황한 관리가 "부자가 되시옵소서"라고 했고 요임금은 역시
"사양하겠노라"라고 말했다. 이어 "아들을 많이 두시옵소서"라고
말해봐도 마찬가지였다. 요임금은 이렇게 말했다.

> 오래 살면 욕된 일이 많고, 부자가 되면 쓸데없는 일이 많아
> 번거롭고, 아들이 많으면 못난 아들도 있어서 걱정의 씨앗
> 이 되는 법이다.

여기에서 생긴 말이 부즉다사(富卽多事), 돈이 많으면 일도 많다
는 말이다.

좋은 관계를 위한 돈벌이

돈을 버는 목적을 바꾸면 돈에 대한 인식도 완전히 달라질 수 있
다. 타인과 더 잘살기 위해서, 그들과 더 좋은 관계를 유지하기
위해서 돈을 버는 것이다. 이렇게 생각하면 돈에 대한 집착과 욕
심이 줄어들고, 돈이 관계를 파괴하는 일도 막을 수 있다.

박찬욱 감독은 2004년 「쓰리, 몬스터」라는 영화를 제작하면

서 한 영화 전문지와의 인터뷰에서 '착한 성격마저 부자들이 독점하는 세상이 슬퍼서 만든 영화'라고 소개했다. 그는 이렇게 말했다.

"부를 세습하면서 잘 교육받는 부자들이 나타나기 시작했다. 그래서 매너가 좋고 젠틀하며 어려서부터 어려움 없이 자라니까 성격에 꼬인 데가 없다. 그러니까 부자가 착하기도 한 세상이다. 반면 가난뱅이는 더욱 박탈감이 커지고, 가난해서 성격이 더 나빠지기 쉬운 세상이 됐다. 21세기를 생각한다는 무슨 모임에 나가게 된 적이 있는데 내 또래의 재벌 2세, 의사, 변호사 등이 많았다. 그런데 그렇게들 부드럽고 예의 바를 수가 없었다. 겉으로만 내보이는 모습이라고 할 수도 있지만, 속속들이 정말 착할 수도 있겠다는 생각이 들었다."

그의 이런 생각은 훗날 영화 「기생충」의 명대사 중 하나로 다시 태어났다.

"돈이 다리미라구. 돈이 주름살을 쫘악 펴줘."

돈이 없어서 주변과의 관계가 끊어진다는 사람의 말을 들어보면, 실제로는 스스로 돈이 없다는 사실에 자신감이 떨어지고 그 결과 사람들을 멀리하는 경우가 적지 않다.

돈을 버는 목적을 탐욕스럽게 내 재산을 늘리기 위해서라기보다, '돈의 세상'인 자본주의에서 돈에 휩쓸리지 않고 그나마 좋은 사람과 좋은 관계를 유지하기 위해서라고 생각해 보면 어떨까? 주름살 없는 내가 되기 위해, 누군가의 돈을 빼앗기 위해 패악질을 하지 않는 나를 위해 돈을 번다고 생각하면 충분히 집착과 탐욕에서 벗어날 수 있을 것이다.

인위재사 조위식망(人爲財死 鳥爲食亡)이라는 말이 있다. 새는 먹이 욕심 때문에 죽고, 사람은 재물 욕심 때문에 죽는다는 이야기다. 돈을 위해 살다가 돈에 의해 죽지 않으려면, 돈에 대한 관점을 한번쯤 바꿔볼 필요도 있다.

PART 5

실패란 넘어지는 것이 아니라
넘어진 자리에서 머무는 것이다

동력

새로운 환경에서는 새로운 추진력이 필요하다

인류 진화의 비밀을 파헤쳤던 찰스 다윈은 이런 말을 했다.
"가장 강한 종이 살아남는 것도, 가장 지적인 종이 살아남는 것도 아니다.
변화에 가장 잘 적응하는 종이 살아남는다."
사람의 인생도 마찬가지다. 변화가 시작될 때 자신의 모습을 그 변화에 적
응시키지 않으면, 결국 무리한 방법을 고집하다가 정신도 마음도 모두 소
진되고 만다. 그리고 그 끝은 존재감의 소멸과 외로움이다.
동양 고전에도 환경의 변화에 따라 다른 태도와 자세를 갖춰야 한다는 의
미를 지닌 연목구어(緣木求魚)라는 말이 있다. 나무에 올라가 물고기를 구
해봐야 그 목표가 달성될 리 없다. 나무가 많은 환경에서는 물고기가 아닌
열매를 구해야 한다.
적응하고 달라지기 위해서는 때에 맞는 새로운 동력도 필요하다. 과거의
나를 이끌어왔던 심리 상태를 마흔이 넘어서 한번쯤 갈아 끼워주어야 한
다. 이제는 성취와 정복만이 자신을 움직이는 힘이 되어서는 안 된다. 때에
따라서는 멈추고 물러설 용기도 있어야 하며, 이제까지 가지 않았던 낯선
길도 담대하게 걸어갈 수 있어야 한다. 그래야 넘어졌을 때 그 자리에 머
무르지 않고, 다시 일어나 걸어갈 수 있기 때문이다.

인간관계 손절하려다
내면의 불꽃까지 사그라든다

교학상장(敎學相長), 누군가를 가르친다는 것은
내가 곧 배운다는 이야기다

* * *

"삼라만상은 같은 종류끼리 모이고, 만물은 무리를 지어
나누어지니 이로부터 길함과 흉함이 생긴다."

사람의 중요성에 대해서는 누구나 알고 있다. 일을 할 때도, 단체
를 이끌 때도, 사랑을 할 때도 결국 모든 것은 사람으로 요약되기
때문이다. 그런데 우리에게는 상대방에 대한 검증의 과정을 치
밀하게 수행하지 못하는 단점이 있다. 대체로 첫인상이나 사회
적 평판이라는 매우 간편한 단서들을 바탕으로 빠르게 신뢰하려
는 경향이 강하기 때문이다. 물론 젊은 나이에는 이렇게 해도 충
분하고 또 그래야 할 필요도 있다. 진화론적으로 볼 때 사회에서
배척된다는 것은 생존에 치명적이므로 최대한 빠르게 관계를 맺

고 사회적 연결을 이룰 필요도 있다. 하지만 마흔의 관계에서는 사람을 검증하는 데 최대한 노력을 기울여야 한다. 한마디로 '가려 사귀는 일'이 필수적이다. 끊을 관계는 과감하게 끊어내고, 나와 함께할 수 있는 사람에게 더 집중해야 한다. 흔히 우리는 '관계의 손절'을 통해 함께 있으면 불편한 사람, 혹은 나에게 피해를 주는 사람을 잘라내기도 하지만, 이것보다 더 중요한 기준이 있다. 바로 '나의 내면의 불꽃을 꺼뜨리는 사람'이다. 이런 사람들은 피해나 불편함만 주는 것이 아니라, 나의 미래까지 암울하게 만들 수 있기 때문이다.

쑥이 어떻게 인삼처럼 자랄까?

사람을 만나면 얻는 것이 많고 즐거움도 생긴다. 그러나 그런 밝은 면만 보다 보면 마흔 이후의 관계에서 오는 풍파를 막기 힘들어진다. 『주역』 계사전(繫辭傳)은 이렇게 말한다.

> 삼라만상은 같은 종류끼리 모이고, 만물은 무리를 지어 나누어지니 이로부터 길함과 흉함이 생긴다.

지금까지 관계에서의 길함에만 집중했다면 이제는 흉함에 더 주목해야 한다. 내가 만난 그 사람이 내 인생에 흉흉한 사건을 폭탄처럼 던져줄 수 있다는 점을 염두에 두어야 한다. 더 중요한 것은 일회적인 폭탄만 던지는 것이 아니라는 점이다. 나에게 지속적이고 직접적인 영향을 미쳐서 나 자신을 바꿔버릴 수도 있다.

『순자』의 권학(勸學)편에는 '삼밭 가운데 있는 쑥'이라는 의미의 마중지봉(麻中之蓬)에 관한 교훈이 나온다.

쑥이 삼밭에서 자라면 붙들어 주지 않아도 곧게 자라고, 흰 모래가 진흙 속에 있으면 함께 검어진다.

쑥은 상당히 흐물흐물한 야채다. 반면 인삼은 딱딱하고 꼿꼿하다. 그런데 이런 쑥도 삼밭에 심으면 그 기운의 영향을 받아 성장의 모양새가 완전히 달라진다.

상대방을 평가할 때 단지 좋은 사람이냐 나쁜 사람이냐에 기준을 두는 것은 별로 의미가 없다. 상대방이 아무리 나쁜 사람인들 나에게 나쁜 짓을 하지 않으면 그만이고, 반대로 좋은 사람인들 나에게 좋은 영향력을 주지 않으면 그 또한 의미가 없다. 이런 점에서 마흔의 인간관계에서 주목할 것은 '상대방이 나에게 어떤 영향을 미치고 있는가'이다.

나이퀴스트의 탁월한 능력

이제 우리가 주목해서 봐야 할 사람은 '사회적 기술'을 지닌 사람이다. 이 기술은 돈을 많이 모으거나 명성을 얻는 기술이 아니다. 바로 타인의 성장을 이끌어주는 기술이다.

미국 작가 데이비드 브룩스는 『두 번째 산』에 이은 저서 『사람을 안다는 것』에서 사람은 크게 두 가지로 분류된다고 말한다. 바로 디미니셔diminisher와 일루미네이터illuminator이다. 영어 diminish는 '줄이다, 약화시키다, 깎아내리다'라는 의미다. 이런 특성을 지닌 사람은 타인에게 긍정적인 관심을 두지 않고 타인이 가진 또 다른 가능성을 찾아내려 하지 않는다. 자신의 능력이 대단하며 스스로 이미 많은 것을 알고 있다고 생각한다. 이런 이와 함께 있는 사람은 자신이 존중받는다는 느낌을 받지 못한다.

Illuminate는 '밝히다, 불을 비추다'란 의미다. 이런 특성이 있는 사람은 다른 사람에게 계속에서 관심의 빛을 보내고 상대방을 이해하려고 애쓰며 잘 수용한다. 누군가에게 일방적으로 조언이나 충고를 하기보다는 상대방의 생각과 감정을 차분하게 들어주고 비로소 조언이나 새로운 아이디어를 제안한다. 이런 사람과 함께 있을 때는 상당히 존중받는다는 느낌이 들고, 자신에게 관심이 많다는 생각이 든다.

누가 어떤 사람인지는 자신의 주변 사람을 조금만 둘러봐도 알 수 있다. 친구, 동료, 선배, 심지어 가족 중에도 진정으로 나의 발전과 성장에 관심이 있는 사람이 있고, 그렇지 않은 사람이 있다. 설사 관심이 있다고 하더라도 연봉이 얼마인지, 이성 친구가 있는지 없는지에 대한 표면적인 관심에 그칠 뿐인 경우도 있다. 이런 사람들과는 '아는 사이'가 될 수 있을진 몰라도 쑥과 삼밭의 관계인 마중지봉의 단계로 나아가지는 못한다.

브룩스는 미국 벨 연구소에서 있었던 한 사례를 들고 있다. 그는 다른 연구원에 비해 상당히 탁월한 성과를 낸 사람들에 대해 연구하던 중 놀라운 사실을 발견했다. 그들의 학력, 직위, 연봉에서 딱히 탁월함의 근거를 찾기는 힘들었지만, 단 하나 공통점을 알아냈다. 바로 함께 연구원으로 활동하던 해리 나이퀴스트Harry Nyquist라는 사람과 자주 밥을 먹었던 것이다. 이 사람은 전기공학자이자 물리학자로 매우 탁월한 성과를 낸 사람이지만, 그가 밥을 먹으면서 동료들에게 주로 했던 것은 바로 일루미네이터로서의 능력을 발현하는 것이었다. 그는 동료에게 계속해서 관심을 가지고 진행하는 프로젝트에 대해 물어보며, 상대방의 재능을 이끌어내기 위한 새로운 아이디어를 주곤 했다. 그러자 동료들이 나이퀴스트의 관심에 보답이라도 하듯, 더 훌륭한 성과를 냈다. 이처럼 나의 능력을 발전시키고 더 탁월한 업적을 얻기 위해서는 디미니셔보다는 일루미네이터를 주변에 두는 것이 현명하다.

잊지 말아야 할 점은 나에게 좋은 영향력을 미치는 이런 일루미네이터 역시 나를 기분 나쁘게 할 수 있으며, 내가 보기에 피해라고 생각되는 것을 끼칠 수도 있다는 것이다. 일루미네이터라고 해서 완벽에 가까운 인성을 지닌 사람들은 아니다. 때로는 그들이 실수하고 나를 불편하게 할 수도 있다. 하지만 정작 중요한 것은 '그가 정말 나의 성장을 원하고 있는가'라는 점이다.

교학상장, 가르치면서 배운다

물론 나 자신도 누군가의 일루미네이터가 되려고 노력해야 한다. 단순히 누군가가 나에게 그렇게 했으니 나도 그렇게 해야 한다는 기브 앤 테이크의 자세를 갖추라는 의미가 아니다. 타인의 가능성을 발견하고 북돋우는 것은 곧 나 자신을 변화시키는 일이기 때문이다. 브룩스는 일루미네이터는 늘 호기심과 관심을 멈추지 않기 때문에 그것이 자신에게로 향해 발전의 동력이 되고, 타인을 '적극적인 창조자'라고 보기 때문에 자신이 주도하는 인생에서도 창조에 매우 주도적이 된다고 말한다.

유교의 대표적인 경서 중의 하나인『예기(禮記)』에도 이러한 일루미네이터의 삶에 관한 이야기가 나온다.

> 비록 좋은 안주가 있어도 먹지 않으면 그 맛을 알 수 없고, 비록 참된 진리가 있더라도 배우지 않으면 그 훌륭함을 알 수 없다. 그러므로 배운 뒤에야 능히 자신의 부족함을 알고, 가르친 후에야 비로소 어려움을 안다. 자신의 부족함을 알아야 스스로 반성하고, 어려움을 알아야 스스로 보강할 수 있다. 따라서 가르치고 배우면서 함께 성장해야 한다.

마지막 문구인 '가르치고 배우면서 함께 성장한다'는 의미가 바로 교학상장(敎學相長)이다. 일루미네이터가 된다는 것은 내 것을 남에게 주어 내가 부실해진다는 뜻이 아니다. 누군가를 가르치면서 내가 동시에 배우고, 타인을 비추면서 나 자신을 비추는 것이다.

『논어』에도 이러한 쌍방향의 성장 방정식에 대한 이야기가 나온다.

> 가르치는 것은 배움의 절반이다. 스스로가 실행하지 못하는 것을 가르치면 배우는 자가 듣지 않고, 가르치기 위해서

는 스스로 수양을 쌓아야 한다. 그러니 가르친다고 하는 것은 곧 자기가 배우는 것이다.

내가 일루미네이터가 되고, 또 다른 일루미네이터를 나의 곁에 두는 일은 관계의 질 자체를 확연하게 바꾼다. 그를 생각하면서 내가 힘을 낼 수 있고, 또한 그 반대도 가능하다. 거기다가 나라는 존재가 누군가에게 힘이 된다면 이 어찌 감동적인 일이 아니겠는가? 인도주의적인 의사이자 신학자, 철학자였던 슈바이처 Schweitzer는 언젠가 이런 말을 한 적이 있다.

"우리 모두의 삶에서 언젠가 내면의 불꽃이 꺼질 때가 있다. 그 불꽃은 다른 사람과의 만남을 통해 다시 타오르기도 한다. 우리의 영혼을 다시 불태워 주는 사람들에게 감사해야 한다."

마흔의 인간관계와 사귐에서는 바로 이런 내면의 불꽃을 잊어서는 안 된다.

자신감은 나를 추켜세우는 힘이 아니라 미지의 세계로 들어가는 힘이다

일엽장목(一葉障目),
자신감이 괴물이 되지 않도록 하라

✳ ✳ ✳

"나뭇잎 하나로 눈을 가린다."

자신감은 꽤나 강한 삶의 동력이다. 힘도 주고 용기도 북돋워 넘어졌던 몸을 일으켜 세우고, 바싹 말라버린 마음에 생기가 돌게 한다. 그런데 이러한 자신감도 나이가 들면서 점점 떨어진다. "예전과는 다르게 자신감이 많이 떨어져"라는 말은 마흔 이후의 사람들에게서 흔히 들을 수 있는 말이다. 이럴 때 주변 사람들은 "그래도 자신감이 없으면 아무것도 안 돼. 자신감을 가져"라고 조언하지만, 사실 자신감은 이렇게 평면적으로 다뤄질 수 있는 성질의 것이 아니다. 일견 매우 좋아 보이는 이 자신감에는 강한 독

(毒)이 숨겨져 있으며, 이 독이 자칫하면 정신을 상하게 할 수도 있기 때문이다. 상황에 대한 엄밀한 판단 없이 엉뚱한 자신감으로 똘똘 뭉친 상사가 '우리는 할 수 있다'라고 외치면서 부하에게 피해를 입히는 경우가 흔한 것처럼 말이다. 더 나아가 자신감에는 풀기 쉽지 않은 역설도 담겨 있다. 자신을 극복하는 과정에서 자신감을 얻기도 하지만, 정반대로 자신감을 현저하게 잃기도 하기 때문이다. 이 자신감의 껍질을 하나씩 까다 보면 진정한 자신감은 '나는 할 수 있어'라거나 '내 생각이 옳아'가 아니라는 사실을 알게 된다. 오히려 그보다는 애매함을 견디는 능력이자 자신의 미래에 대한 흥미진진한 관심에 가깝다고 할 수 있다.

일엽장목과 히틀러

전국시대의 은둔자이자 철학자인 갈관자(鶡冠子)라는 인물이 있다. 자신의 이름을 따서 지은 책인 『갈관자』에서 그는 '나뭇잎 하나로 눈을 가린다'는 뜻의 일엽장목(一葉障目)에 대한 이야기를 들려준다.

한 가난한 서생이 살았다. 그는 책을 읽다가 사마귀가 매미를 잡을 때 나뭇잎에 몸을 숨긴다는 사실을 알게 됐다. 한참을 사색

하던 그는 산에서 나뭇잎을 따 집으로 돌아왔다. 나뭇잎으로 눈을 가린 채 아내에게 자기 모습이 보이는지 물었다. 처음에 아내는 보인다고 했지만, 자꾸 귀찮게 물어보자 그만 안 보인다고 말해버렸다. 이 말에 자신감이 생긴 그는 나뭇잎으로 자기 눈을 가린 후 길거리로 나가 물건을 훔치다 붙잡혔다. 관청에 끌려가서도 눈을 나뭇잎으로 가리고는 심문을 받으면서 계속해서 자신이 보이느냐고 물었다. 끝까지 자신이 보이지 않을 것이라고 확신했기 때문이다. 결국 관리는 그를 미친놈으로 취급했다.

그저 고전에 나오는 우화 중 하나로 들릴지 모르지만 현대에도 이런 미친놈이 나타나 인류의 역사를 뒤흔들었다. 제2차 세계대전을 일으킨 아돌프 히틀러Adolf Hitler가 바로 그 장본인이다. 그는 이런 이야기를 한 적이 있다.

"나는 크리스천으로서 진실과 정의를 위한 전사가 될 의무가 있다."

"우리는 기독교의 사상을 공격하는 자를 우리 조직 내에 용납하지 않는다. 사실, 우리 운동은 기독교적이다."

기독교인이든, 그렇지 않든 누가 들어도 이런 말을 하는 사람은 일엽장목에 해당하는 미친놈과 크게 다를 바가 없다. 가난한 서생과 히틀러에게는 공통점이 있다. 그들은 깊은 사색을 통해서 자신만의 결론에 이르렀고, 끝까지 자신감을 잃지 않았다. 특히 히틀러가 했던 공부는 역사, 정치, 군사 전략, 철학까지 포괄했다. 잘못된 자신감은 무서운 독이다. 자신만 망치는 것이 아니라 타인까지 망칠 수 있기 때문이다.

자신감이 괴물이 될 때

공식적인 용어는 아니지만 '노벨병'이라는 것이 있다. 노벨상을 받은 학자들이 그 이후에 자신감이 너무 넘친 나머지 과학적으로 검증되지 않은 주장을 하고, 심지어 일반인이 봐도 비과학적인 주장을 하는 것이 바로 노벨병이다.

캐리 멀리스Kary Mullis는 1993년 노벨 화학상을 수상한 인물이지만, 이후 에이즈의 원인에 대한 과학적인 합의를 부정하고 점성술을 옹호하며 자신이 외계인과 접촉한다고 주장했다. 1973년에 노벨 물리학상을 수상한 브라이언 조지프슨Brian Josephson은 이후 영적 에너지를 믿고, 양자역학과 의식이 연결되어 있다는 다소 비과학적인 주제에 몰입했다. 프랑스 최고의 바이러스 학자인 뤽 몽타니에Luc Montagnier는 2008년 노벨 생리학·의학상을 받았지만, 이후 코로나19 바이러스는 효과가 없고 심지어 "백신을 접종하지 않은 사람들이야말로 인류를 구원하게 될 것이다"라고 주장했다. 물론 지금도 백신을 의심하는 목소리가 있기는 하지만, 결과적으로 봤을 때 '미접종자가 인류를 구원한다'는 말은 매우 공허한 말에 불과하다. 이러한 노벨병의 근원에는 과도한 자신감이 존재한다.

심지어 자신감은 때로 무능함과 연결되기도 한다. 미국 코넬대학교의 데이비드 더닝David Dunning 교수와 그 동료는 논리적 사고 등에 무능한 학생일수록 자신감이 넘치고, 유능한 학생은 오히려 자신감이 떨어진다는 사실을 과학적으로 밝혀냈다.

자신감이 '종결 심리'와 관련이 있다는 주장도 있다. 사람들은 여러 가지 정보가 넘칠 때 최대한 빠르게 판단하려는 마음을 먹게 된다. 그러지 않으면 불안이 이어지기 때문이다. 따라서 다른 사람의 관점이나 입장에 대해서 무감각해지고 설사 듣는다 하더라도 공감을 잘 못하게 된다. 결국 최소한의 정보만으로 자신의 해석을 그대로 믿는 것을 뜻하는 종결 심리를 만족시키는 것이다. 그런데 놀랍게도 이 과정에서 자신감이 늘어난다고 한다. 스스로 확신을 얻고 싶어 하는 과정에서 '그래, 내가 맞아'라는 자신감이 높아진다는 이야기다.

이로써 우리는 자신감이라는 것을 그리 만만하게 대해서는 안 된다는 사실을 알 수 있다. 어떤 면에서 자신감은 객관적 사실도 왜곡시켜 버리는 괴물과도 같은 능력을 지니고 있기 때문이다. 가난한 서생도, 히틀러도, 노벨병에 걸린 학자도, 무능한 학생도 모두 마찬가지다. 이 말은 곧 자신감이라는 것이 객관적 사실의 영역에서 작동되어서는 안 된다는 의미다. '내가 보는 세상이 진실이야', '내가 믿는 사실이 확실해', '세상 사람들은 이렇게 변해야 해'라고 생각하는 순간 자신감은 그 본래의 기능을 잃어버리고 폐쇄적인 자기 감옥으로 변하게 된다.

호연지기와 닮은 자신감

자신감은 전혀 다른 선상에서 놓고 분석할 때 비로소 그 진가가 드러난다. 우선 자신감의 최초 역할은 현재의 불안한 상태, 힘들고 고된 상태에서 약간의 힘을 내는 부스터Booster로서의 역할이다. 이런 자신감은 일종의 구급약에 해당한다. 너무 다운되어 있거나 미래에 대한 어두운 전망이 자신을 지배할 때 마음을 환기하는 차원에서 임시방편적이지만 어느 정도 효과를 내는 것이다.

　하지만 우리의 내면을 채우는 진정한 자신감은 오히려 지금의 불안하고 애매한 상태를 견디는 능력, 그리고 그 과정을 거치면서 앞으로 나의 미래가 어떻게 변할 것인지 흥미롭게 바라보는 자세를 말한다. '내가 어떻게 변할 수 있을지 모르니 계속 나를 믿으면서 앞으로 전진해 보자'에 더 가깝다고 할 수 있다. 이는 자신이 변화할 가능성을 열어두기에 진정한 의미에서의 자기 신뢰이며, 현재의 모습에 서둘러 낙담하지 않기에 역시 자신에 대한 충실한 믿음이다. 이러한 자신감은 엉뚱한 확신으로 타인에게 피해를 주는 일도 없고, 타인에게 내 생각을 강요하는 자신감의 폐해에서도 벗어나 있다.

동양 고전에서 자신감에 가장 알맞은 말이 바로 호연지기(浩然之氣)다. 우리는 호연지기를 '크고 원대한 마음' 정도로 사용하지만, 사실 여기에는 조금 더 심오한 내용이 담겨 있다. 일단 맹자의 설명을 들어보자.

> (호연지기를) 말하기는 어렵다! 그 기(氣)는 지극히 크고 지극히 강하며, 의(義)와 도(道)로 만들어지기 때문에 손상이 없이 곧게 키우면 해롭지 않고, 곧 하늘과 땅 사이에 가득 차게 된다. 이 기는 스스로 내 속에서 생기는 것이며, 밖으로부터 스며 들어오는 것이 아니다. 행동에 떳떳함이 없으면 곧 꺼져버린다.

요약해 보자면, 호연지기란 다른 부정적인 것들에 물들지 않는 정정당당함이며, 오로지 스스로만이 만들어낼 수 있는 당찬 기운이다. 이것은 미래에 대한 부정적이고 암울한 전망에 정복되지 않는 자신감, 누군가가 줄 수 있는 것이 아니라 오직 스스로만 만들어낼 수 있는 자신감 그 자체와 매우 닮아 있다.

맹자의 말처럼 나만이 만들어내는 당찬 기운이 있다면 당장의 어려움에 굴복하지는 않는다. 물론 미래가 어떻게 될지는 모르지만, 어차피 그걸 아는 사람은 세상에 아무도 없다. 그러니 현재의 애매하고 불안한 나 자신에 대한 믿음을 잃지 않고 내 인생이 어떻게 펼쳐질지 흥미진진하게 기대하며 앞으로 전진할 때, 비로소 진정한 자신감이자 호연지기가 나의 내면을 채울 수 있다.

영화 「월터의 상상은 현실이 된다」에는 이런 대사가 나온다.

"인생은 용기를 가지고 미지의 세계로 나아가는 일이다."

결국 자신감은 인내력이자 당당함이며 나를 앞으로 밀어내는 용기다. 이를 잊지 않는다면 자신감이 가진 독을 피하면서도 그것의 충분한 힘을 활용할 수 있다.

젊음은 인생의 어떤 기간이 아니라, 특정한 마음의 상태다

호추불두(戶樞不蠹),
호기심을 통해 반짝이는 짜릿함을 찾아가는 법

✲ ✲ ✲

"흐르는 물은 썩지 않고, 문지도리를 좀먹지 않는다.
움직이기 때문이다."

경험이란 단순히 내가 겪은 어떤 일을 의미하지 않는다. 우리는 경험을 통해 새로운 지식을 습득하고 깨달음을 얻으며, 더 나아가 특정 경험에 대한 나의 반응을 통해 나의 진짜 모습을 만날 수 있다. 한마디로 새로운 경험은 계속해서 나를 성장시키는 중요한 도약대가 된다. 그런데 이러한 새로운 경험을 꾸준하게 추구하기 위해서는 호기심이 반드시 필요하다. 나이가 들면서 호기심이 줄어드는 것은 어쩔 수 없기에 우리는 의도적으로 더 많은 호기심을 발동시켜야만 한다.

시인 사무엘 울만Samuel Ullman이 「청춘」이라는 시에서 말했듯, "젊음은 인생의 어떤 기간이 아니라 마음의 상태를 말한다"라는 사실을 기억해야 한다. 무엇보다 호기심은 삶의 재미와 직결되고, 하루를 흥미진진하게 살아가는 원동력이 된다. 세계적인 경영학자였던 피터 드러커Peter Drucker는 96세로 타계하기 직전까지 강연과 집필을 계속했으며, 말년에 그의 관심사는 페루 민속사였다. 도대체 그 나이에 페루 민속사를 아는 게 무슨 소용이냐고 생각할 수도 있지만, "인간은 호기심을 잃는 순간 늙는다"라는 그의 말을 보면 그 이유를 알 수 있다.

설담의 후회와 고백

젊은 시절의 지식과 사람에 대한 호기심은 더 많은 일을 해내고, 더 많은 성과를 얻기 위한 생산성 도구였다. 하지만 나이가 들면서 의욕과 호기심은 사라지고 새롭게 변화하지 못하는 상태에 처하게 된다. 미국의 신경과학자들이 연구한 결과, 쥐는 나이가 들면서 동기부여와 학습 능력에 중요한 역할을 하는 뇌의 활동이 감소했다. 헝가리 연구진들 역시 개도 나이가 먹어갈수록 활동성과 호기심이 변화한다는 결론을 내렸다. 사람도 이러한 현상에서 크게 자유롭지 않다.

시카고대학교 심리학과 교수이면서 행복 연구의 권위자인 시게히로 오이시Shigehiro Oishi는 인생에서 행복과 의미를 넘어서는 또 하나의 중요한 조건인 '심리적인 풍요로움'에 대해 말하며, 이를 이끌어내는 것이 바로 호기심이라고 했다. 그는 "호기심과 탐구, 다양한 경험으로 이루어진 심리적 풍요로움을 통해 우리는 활짝 열린 가능성의 세계로 초대받을 수 있다. 자신을 더욱 깊이 만나거나, 새로운 사고와 관점을 얻을 수 있다"라고 말했다.*

호기심을 잃는 것은 새로운 재미도, 더 나은 가능성도 없는 세계에 머무는 것과 같다. 하지만 호기심은 자연스럽게 생겨나는 것이지, 내가 가지고 싶다고 해서 가질 수 있는 것이 아니다. 되돌아보면 과거에 가졌던 호기심도 모두 자신도 모르게 발산된 것들이다. 무언가를 보고 듣는 순간, 부지불식간에 '저건 뭘까?'라는 자연스러운 호기심이 드는 것이다.

하지만 호기심이란 '나는 이미 알고 있어'라고 전제하는 순간 풀이 죽고 더 이상 생겨나지 않기도 한다. 이런 전제는 또 다른 의미에서 자만심이라고 볼 수도 있다. 우리는 사실 여전히 이 세상에 대해 모르는 것투성이지만, 극히 일부의 지식과 정보를 통

---

*   홍순철, 「행복과 의미 그리고 심리적 풍요로움으로 이루어진 좋은 삶」, 《한국경제신문》, 2025. 1. 30

해 세상을 미루어 짐작하곤 한다. 따라서 호기심을 통해 정신적인 풍요로움으로 나아가려면 '나는 이미 알고 있어'라는 자만심을 줄일 필요가 있다.

춘추전국시대의 철학서로 알려져 있는 『열자(列子)』에는 '배움에는 끝이 없다'는 의미를 지닌 학무지경(學無止境)에 대한 이야기가 나온다. 진청(秦靑)이라는 사람은 노래를 잘하기로 명성이 자자했다. 이에 설담(薛談)이라는 자가 찾아와 제자가 되길 원했고, 진청은 노래를 가르치기 시작했다. 그런데 노래 실력이 하루가 다르게 향상되자, 어느 순간 설담은 자신이 스승보다 노래를 잘한다는 은근한 자만심을 가지게 되었다. 스승을 존경하는 마음은 어느덧 사라지고, 결국 노래 배우기를 게을리하다 스승을 떠나기로 마음먹었다. 이에 아무 말 없이 제자를 배웅해 주던 진청이 주막집에 앉아 자신의 마음을 담은 노래 한 곡을 부르기 시작했다. 스승을 떠나 걸어가던 설담은 그 노래에 감동해 무릎을 꿇고 말았다. 이후 자신의 잘못을 빌고 평생 스승에게 노래를 배웠다고 한다.

설담의 잘못은 '나는 노래를 안다'에서 시작됐다. 그러니 자만심이 생겼고, 더는 배우고 싶지 않게 된 것이다. 호기심도 마찬가지다. '나는 이미 안다'고 생각하는 순간, 호기심은 멈추고 새로운 경험과 즐거움도 장막에 가려지고 만다.

변화가 멈추면 우울이 시작된다

세계적인 베스트셀러인 『넛지』의 저자 캐스 선스타인Cass Sunstein은 그의 동료와 함께 후속작 『룩 어게인』을 발표하면서 '인생의 반짝거리는 짜릿함'을 되찾는 방법에 대해 제안했다. 그 핵심은 바로 '탈습관화'다. 여기에서의 습관이란 식습관이나 수면 습관 등이 아니라 세상을 바라보는 정신적 습관을 의미한다. 그는 사람들이 똑같은 일을 끊임없이 똑같은 방식으로 반복하고, 특정한 현상을 계속해서 똑같은 방식으로 바라본다고 말한다. 한마디로 호기심이 거의 완전히 제거된 상태에서 새로운 방법을 도통 찾으려고 하지 않는다는 것이다. 그런 점에서 탈습관화는 이러한 관행을 붕괴시키고 새로운 호기심을 내 삶에 들여오는 일이다. 이로써 과거의 정신적인 습관에서 벗어나 비로소 새로운 즐거움을 찾아 나서게 된다.

더 나아가 선스타인은 "변화가 멈추면 우울증이 시작된다"라고 말한다. 어떤 의미에서 이 말은 우울증에 관한 우리의 관념을 바꿔준다. 흔히 마음이 우울해져서 활력이 없어지고 그 결과 더 이상의 변화를 시도하지 못하는 상태에 빠져든다고 생각하지만, 그는 반대로 변화가 멈춰서 우울증이 시작된다고 주장한다. 그에 따르면 변화란 그 자체로 활력이고, 호기심이며, 젊음이다.

정치가이자 큰 상인이었던 여불위가 지은 『여씨춘추(呂氏春秋)』에는 호추불두(戶樞不蠹)라는 고사성어가 나온다.

> 흐르는 물은 썩지 않고, 문지도리를 좀먹지 않는다. 움직이기 때문이다.

문지도리는 문을 여닫을 때 받쳐주는 장치다. 문을 열고 닫을 때 끊임없이 움직이기 때문에 비록 닳아서 낡을 순 있어도, 썩지는 않는다. '구르는 돌에는 이끼가 끼지 않는다'는 말 역시 이와 비슷한 의미다.

우리가 나그네가 되어야 하는 이유

한국을 대표하는 지식인 중 한 명이었던 고(故) 이어령 선생은 인류의 기원을 설명하면서 '나그네'의 중요성을 설파한 적이 있다. 그는 『바이칼호에 비친 내 얼굴』이라는 저서에서 이런 이야기를 들려준다.

"문화인류학자들은 말하죠. '사람들은 어떤 동물보다도 많이 걷는 데 그 특성이 있다'고요. 인간과 가장 가까운 침팬지나 고릴라는 하루에 기껏 걸어봐야 3킬로미터 이상을 벗어나지 못한다고 해요. 그러나 수렵·채집 시대의 원인들은 하루의 보행 거리가 30킬로미터가 넘었다고 합니다. 원숭이 손은 인간과 똑같이 물건을 잡을 수 있지만 발의 구조는 달라요. 원숭이는 다리로도 나뭇가지를 잡을 수가 있도록 되어 있어요. 그래서 우리의 상식과는 달리 잡는 능력보다는 오히려 걷는 능력에서 원숭이와 인간의 차이가 생겨나요. 한마디로 걸어서 '나그네'가 된 원숭이만이 인간이 된 겁니다."

이어령 선생은 '나그네'의 어원에 대해서도 들려준다. '나간 사람'이라는 의미인데, 문지방을 넘어 방에서 뜰로 나가고, 뜰에서 대문 빗장을 풀어 문밖으로 나가는 사람이라는 이야기다. 그래서 "조금씩, 낯익은 것에서 낯선 세상 밖으로 나간 사람이 나그네다"라고 말한다. 우리가 알고 있듯, 그저 하염없이 터덜터덜 세상을 방황하는 사람이 나그네가 아니라, 강렬한 의욕과 탐험의 의지를 지닌 사람, 끊임없이 세상을 돌아다니며 호기심을 유지하는 사람이야말로 진정한 나그네라고 할 수 있다. 이러한 나그네의 내면을 유추하는 것은 그리 어렵지 않다. 새로운 발견 앞에 짜릿함을 느끼고, 삶의 기쁨에 저절로 도파민이 샘솟을 것이다.

그런데 이러한 나그네의 삶을 추구할 때 우리를 방해하는 매우 큰 장벽이 존재한다. 스마트폰으로 할 수 있는 SNS와 각종 유튜브 콘텐츠는 우리가 실제 나그네가 되지 않더라도 마치 나그네가 된 것 같은 환경을 만들어주고, 더 나아가 도파민이라는 보상까지 제공한다. 그렇지 않아도 활력과 호기심이 떨어지고 고독을 많이 느끼는 중년의 나이에는 전자 기기에 의한 도파민에 중독되기가 매우 쉽다. 흔히 청소년이나 20~30대가 도파민에 많이 중독된다고 생각하지만, 중장년층도 결코 만만치 않다. 생리학적으로 줄어드는 도파민을 채우기 위해 더 많은 시간을 SNS에 몰입하고, 그 결과 인간 스스로의 육체와 정신으로 해나가는 새로운 변화와 탐험의 즐거움을 잘 알지 못하게 된다. 결국 수많은 알고리즘에 의해 가상의 나그네가 되는 상황이 펼쳐지고, 이로 인한 전자적 도파민이 우리의 뇌를 절여버리는 상황이 도래한다. 더욱 심각한 것은 이때부터는 '생각이 강제되는 상태'가 된다는 점이다. 내가 의도하는 즐거움, 내가 생각하는 변화가 사라지고 알고리즘이 주도하는 세계에 갇히게 된다. 프랑스의 시인이자 철학자인 폴 발레리Paul Valery의 유명한 명언, "생각하는 대로 살지 않으면, 사는 대로 생각하게 된다"라는 말은 바로 여기에 적용된다. 조금 더 지금의 시대에 맞게 바꿔보면, '생각하는 대로 살지 않으면, 알고리즘대로 생각하게 된다.'

　　마흔의 나이에 새로운 즐거움과 활력을 찾아가는 주문은 '나는 모른다'이다. 모든 변화와 호기심은 바로 여기에서 나온다. 이로부터 우리의 진정한 나그네길이 시작되며, '인생의 반짝거리는 짜릿함'을 향한 여정이 펼쳐진다.

완벽하게 출발하려 하지 말고
끝까지 완주하는 힘을 길러라

행백리자 반어구십(行百里者 半於九十),
위대한 출발보다는 초라한 출발이 더 낫다

✱ ✱ ✱

"100리를 가야 하는 사람은 90리를 반으로 여긴다."

곧 고난이 닥칠 것 같은 상황에서 주변 사람들이 해주는 말이 있다. 바로 "마음 강하게 먹어라"이다. 예를 들어 부모님이 머지않아 돌아가실 것 같거나 본인에게 큰일이 닥쳐올 때 흔히 듣는 말이기도 하다. 이렇게 마음을 강하게 먹으면 앞으로 닥치게 될 여러 곤란한 일에 너무 충격을 받지 않고, 그 무게감을 줄이면서 좀 더 차분하게 대처할 수 있다. 이순신 장군의 "죽으려고 하면 살 것이오, 살려고 하면 죽을 것이다(死則生 生則死)"라는 말 역시 마음을 강하게 먹으라는 말에 다름 아니다. 또한 이러한 말들은 '판이 바뀔 때에는 그 판에 어울리는 마음 자세를 가져라'라는 의미로도 해석할 수 있다. 평화로운 일상에서는 어떻게 하면 잘 살까를 고민하지만, 죽음이 난무하는 전쟁판에서는 죽음을 각오하는 마음이 오히려 생존력을 높인다. 그래야 몸을 사리지 않고 싸우고, 생존에 대한 희망을 버릴 때 생기는 마지막 투지까지 끌어올릴 수 있게 되기 때문이다. 마흔 이후 또 한 번 인생의 판이 바뀔 때에도 비슷하다. 이때 위너가 되어 생존하겠다는 마음보다 미리 실패를 예상하고 강한 마음을 먹을 때, 오히려 그 충격과 무게감을 줄이면서 보다 현명하게 전진해 나갈 수 있다.

차라리 초라한 출발이 낫다

우리는 시작과 출발이라는 것에 상당한 비중을 둔다. '첫 단추를 잘 끼워야 한다'거나, '시작이 반이다'라는 말이 대표적이다. 고사성어로 초선종선(初善終善)이라는 말도 있다. '시작이 좋아야 끝도 좋다'는 의미다.

『한비자』에는 이런 말이 있다.

> 조각을 할 때 코는 크게 다듬고, 눈은 작게 다듬어야 한다.

처음에 코를 너무 작게 조각하면 나중에 크게 만들 수 없고, 처음에 눈을 너무 크게 조각하면 나중에 작게 만들 수가 없기 때문이다. 시작과 출발에서부터 마무리와 끝이 결정될 수 있다는 생각이다. 시작과 출발에 높은 비중을 두는 것은 충분히 합리적이고 이해할 수 있는 일이다. 처음이 틀어지면 그것이 끝까지 이어지며 결국 나중에 문제를 일으킬 수 있기 때문이다. 그런데 문제는 시작과 출발에 너무 과도한 의미를 둔 나머지 완벽주의의 함정에 빠지고 지나치게 환경을 탓하게 될 수 있다는 점이다. 그래서 '애초부터 글러먹었다'거나 '지금은 시작할 때가 아니야'라는 식으로 생각하게 되기도 한다.

마흔은 뭔가를 시작하고 새출발해야 할 것이 많이 생기는 나이다. 그것이 일에 대한 것이든, 관계에 대한 것이든 미래를 걱정하고 준비하는 사람들에게 필수적인 것이 바로 새출발이다. 물론 출발이 좋다면 기분 좋은 설렘으로 전진의 동력을 이끌어나갈 수 있지만, 설사 그렇지 않거나 혹은 그에 걸맞은 환경이 갖추어지지 않는다 하더라도 끝까지 완주해 내겠다는 마음을 가지는 것이 더욱 중요하다. 원대한 출발을 했다고 여기다가 사소한 문제에 걸려 힘이 빠지는 바람에 용두사미가 되는 것보다는, 초라한 출발일지언정 끝까지 해내겠다는 자세가 더욱 중요한 것이다.

중요한 것은 완주하는 힘

2022년 미국 네바다주 대법원을 크게 술렁이게 하는 일이 벌어졌다. 160여 년에 걸친 주(州) 역사상 최초로 한국계 미국인인 퍼트리샤 리(49)가 대법관이 되었기 때문이다. 중요한 것은 그녀가 한국계라는 점만이 아니다. 그녀는 대법관 지원서에 자신을 이렇게 소개했다.

'외국에서 태어나 집도 없이 가난하고, 학대받은 어린 시절을 보낸 혼혈 여성.'

한국인 어머니와 주한미군 아버지 사이에서 태어난 그녀는 네 살에 미국으로 건너갔다. 어머니는 알코올중독이었던 아버지와 이혼했지만, 영어를 제대로 하지 못했다. 그래서 그녀는 여덟 살 때부터 두 남동생의 가장 역할을 했다. 어머니에게 남자 친구가 생기자 그녀는 지속적으로 학대를 당하다 열다섯 살에 가출을 했으며, 그때부터 친구 집을 전전하며 잠을 자야 했다. 물론 잘 곳이 없어서 노숙을 하는 일도 다반사였다. 이런 과거를 지닌 여성이 대법관이 되었으니, 모두들 놀랄 수밖에 없었다. 2024년 한국을 찾은 그녀는 이 말을 꼭 하고 싶었다고 했다.

"대법관에 지원하면서 제 과거를 처음으로 공개한 이유는 나처럼, 당신도 할 수 있다는 것을 말해주고 싶어서였습니다. 완벽하게 출발하지 못했어도 괜찮습니다. 중요한 것은 '완주했는가' 입니다. 열심히 살다 보면 기회는 반드시 옵니다. 내 인생의 주도권을 갖고, 불행 속으로 가라앉지 말고 긍정의 힘으로 나아가세요."*

퍼트리샤 리는 초라한 출발보다 더 중요한 것은 '완주하는 힘'이라고 말했다. 그녀의 말대로 정말로 열심히 하다 보면 기회가 오는지는 알 수 없는 노릇이지만, 분명한 것은 완주를 해내면 그에 따른 보상은 반드시 주어진다는 점이다.

이렇게 완주하는 힘을 기르는 데 도움을 주는 말이 행백리자반어구십(行百里者 半於九十)이다. '100리를 가야 하는 사람은 90리를 반으로 여긴다'는 뜻으로, 끝에 거의 다다른 90리가 될 때까지 결코 마음을 놓지 말고 긴장의 끈을 유지하라는 의미다. 이 말은 흔히 '시작이 반이다'라는 말과는 완전히 상반된다. 물론 시작을 반으로 여기는 것은 출발을 가볍게 만들어주는 효과가 있지만, 끝까지 완주하는 힘을 기르기 위해서는 차라리 90리를 반으로 여기는 것이 더 낫다.

---

*   한은화, 「노숙 딛고 美대법관 된 한국계 '완벽한 출발 없다, 완주가 중요'」, 《중앙일보》, 2024. 8. 23

회복탄력성와 창의성의 관계

완주를 하기 위해서 또 하나 지녀야 할 자세는 끊임없는 실패를 기정사실로 여기면서 계속되는 반복을 마다하지 않겠다는 강한 마음가짐이다. 이는 단순히 회복탄력성을 기르는 것을 넘어 보다 창의적인 마흔을 만들어나가는 데 매우 큰 도움이 된다.

일반적으로 무언가를 반복하는 것은 창의성과는 별로 관련이 없어 보인다. 그저 계속되는 지루한 반복의 과정 속에서 어떻게 새롭고 신선한 것이 탄생하겠느냐는 생각 때문이다. 하지만 반복은 창의성으로 가는 지름길이라고 해도 과언이 아니다.

미국 드렉셀대학교 연구팀은 반복과 창의성의 관계를 알아보기 위해 스무 명 남짓한 재즈 피아니스트의 연습 과정을 연구했다. 재즈는 특히 즉흥연주가 많은 장르로, 상당한 창의성이 요구되는 분야다. 연구팀은 다양한 방면에서 연구를 진행했고, 그 결과 창의적인 연주를 하는 과정에서 '집행 기능executive function'이라는 것이 강해진다는 사실을 발견했다. 집행 기능은 목표를 설정하고 계획을 세운 후 이를 실행하고 조절하는 높은 수준의 인지 능력이다. 한마디로 우리 인식의 총지휘자라고 할 수 있다. 특히 반복의 과정에서 불필요한 정보들을 걸러내고 새로운 정보들을 조합하면서 창의적인 결과물을 만들어내게 한다.

과거의 것을 반복함으로서 새로운 것으로 나아가는 것이 바로 온고지신(溫故而知)의 자세다. 『논어』에는 다음과 같은 말이 나온다.

옛것을 배워 익히고 그것을 미루어서 새것을 알아내면 얼마든지 다른 사람의 스승이 될 수 있다.

역시 반복을 통해서 새로운 창의력으로 나아간다는 의미다. 다만 이렇게 계속해서 반복하기 위해서는 그 지루함과 실수에 굴하지 않고 계속해서 스스로 회복탄력성을 발휘하며 꾸준하게 밀어붙이는 힘이 절대적으로 필요하다.

심리학에는 긍정심리자본positive psychological capital이라는 것이 있다. 목표를 달성하고 성과를 향상시켜 줄 수 있는 긍정적인 심리 상태를 말한다. 이제까지 설명했던 무심(無心)함에 가까운 초라한 출발, 실수와 실패에 대비하는 강한 마음, 언제든 다시 반복되는 지루함을 견뎌나가겠다는 자세는 모두 이러한 긍정심리자본의 중요한 요소가 될 수 있다.

당나라 시대의 의사였던 손사막(孫思邈)은 '담력은 크게 가지되, 마음은 작게 하라'는 의미의 담대심소(膽大心小)에 대한 지혜를 전해준다. 여기에서의 담(膽)은 인체에서의 쓸개를 뜻한다. 한의

학에서 쓸개는 정신력에 매우 큰 영향을 미치는 내부 장기로, 정신과 의지, 결단력과 관련이 있다고 알려져 있다. 심소(心小)란 마음을 너무 원대하지 갖지 말라는 의미다. 강한 마음을 먹으면서도 출발은 초라하게 하며 끝까지 완주해 나가는 데 큰 도움이 되는 글귀다.

무엇보다 이런 태도는 앞으로 해야 할 새로운 출발과 일에 대한 난도를 상대적으로 낮춰주는 효과가 있다. 처음부터 완벽함을 기대하지 않았기에 조금만 성과를 이뤄내도 즐거움이 배가 되어 더 강한 동기부여를 할 수 있고, 실제로 실수나 실패를 하더라도 '충분히 예상했던 일이야'라고 넘어가며 중간에 실망하거나 그만두는 일을 줄일 수 있기 때문이다.

영화 속 영웅이 되려 하지 말고 게임 속 플레이어가 되어라

자등명 법등명(自燈明 法燈明),
자신을 등불로 삼아라

✽ ✽ ✽

"도대체 이 사람들은 무슨 염치로 다시
나에게 오는 건가?"

인간은 사회적 동물로 정의된다. 사회 속에서 사람과 어울리고 서로 협력하며 살아가야 한다는 뜻이며, 또한 이때에 심리적으로 가장 안정될 수 있다는 의미이기도 하다. 그렇다면 이는 반대로 강제적으로 비(非)사회적 동물이 되어 사람들과 어울리거나 협력하지 못할 때 가장 불안하고 좌절감을 느낄 수밖에 없다는 뜻이기도 하다. 은퇴나 퇴직 등 자신의 사회적 지위가 흔들릴 때가 바로 이때로, 가정에서도 대우가 달라지곤 한다. 이때 느끼는 심리상태는 유기 불안abandonment anxiety에 해당하는데, 타인으로부터

버려지고 거절당하는 공포는 생각보다 매우 강하고 깊은 상처를 남긴다. 하지만 마흔 이후의 삶에서는 원하든 원치 않든 과거의 지위를 조금씩 잃을 수밖에 없다. 자신에 대한 대접 또한 조금씩 달라진다는 사실이 어쩔 수 없이 느껴진다. 이럴 때에는 자신도 모르게 화가 많아지고 그것이 마음에 쌓여 오히려 주변 사람들과 더 불화를 일으키며 사회에 대한 불만족을 표출하게 된다. 이러한 시기를 잘 견디기 위해서는 이제까지 가졌던 삶을 '영웅의 스토리'로 보는 관점에서 벗어나야 하며, 더 나아가 타인 지향적 만족이 아닌 자기 지향적 만족을 추구해야 한다.

인생은 지위 게임

저널리스트이자 베스트셀러 작가인 영국의 윌 스토Will Storr는 자신의 저서 『지위 게임』에서 겉으로는 잘 드러나지 않는 인간의 지위 욕구를 분석했다. 인간은 보통 행복이나 자유 등을 추구한다고 하지만, 실제로 사람들이 강렬하게 원하는 것은 '남들보다 더 나은 지위'라는 것이다. 그는 연쇄살인범들의 어린 시절을 연구한 결과 공통적으로 발견되는 것이 바로 모욕감이라고 말한다. 이는 지위와 지위를 얻을 수 있는 능력 자체를 박탈당한 상태다. 따라서 그들은 어른이 되어 힘을 얻으면 어릴 때 잃어버렸던 지위를 되찾으려고 하고, 바로 그것이 살인으로 이어진다. 또한 스토는 영국에서 무기징역을 선고받은 10대 소년 벤의 이야기를 다루는데, 그는 살인을 해서 수감되었지만, 그 안에서 열심히 공부해 형법에 관한 박사 학위를 취득했고, 결국 '감옥 안의 변호사'가 되었다. 재소자들은 모두 그에게 고개를 숙이면서 상담했고, 벤은 여기에서 큰 만족감을 얻었다. 그는 이러한 지위를 잃지 않기 위해 몇 번의 가석방 기회도 스스로 거부했다. 심지어 50세가 다 되어 출소했을 때에는 절망에 빠지고 말았다. 교도소에서 가지고 있던 변호사로서의 지위를 잃었기 때문이다.

꼭 범죄자의 사례가 아니더라도, 지위에 대한 강렬한 욕망은 우리의 일상에서도 확인할 수 있다. 직장에서는 더 높은 지위를 얻기 위해 승진에 목숨을 걸고, 가정에서는 부모 대접을 받으며 존경받고 싶은 마음이 간절해진다. 돈이 많은 부모가 죽기 직전까지 유산을 분배하지 않는 이유 역시 자신의 지위를 잃지 않고 싶어서다. 더 나아가 SNS의 '좋아요'가 많거나, 커뮤니티 공간에서 자신이 쓴 글의 조회수가 높은 것을 보고 흐뭇해하고 만족감을 얻는 것 역시 내가 높은 지위를 차지하고 있다는 심리의 반영이기도 하다. 그러니 삶을 지탱해 주던 사회적 지위를 잃는 것이 얼마나 큰 공포겠는가.

지위를 좇는 것은 인간의 자연스러운 모습

지위를 잃는 것은 단지 지위가 있냐 없냐의 문제에 머무르지 않는다. 그것은 매우 격렬한 감정을 동반하고 주변 사람들에게 화를 내는 상황을 만들며, 결국 사람에 대한 비정함과 함께 심리적 상실감을 느끼게 한다.

전국시대 제나라의 맹상군(孟嘗君)은 부와 권력을 모두 거머쥔 사람이었다. 더구나 심성이 나쁘지 않아 수천 명의 사람을 먹이고 재워주면서 지원을 아끼지 않았다. 그런데 맹상군의 권력을 두려워했던 제나라 왕이 관직을 빼앗고 그를 나라 밖으로 추방했다. 그때 수천 명의 식객이 하나둘씩 떠나고 말았다. 훗날 맹상군이 다시 복직을 하고 권력을 쥐자 떠났던 사람들이 또다시 모여들었다. 맹상군은 이런 모습에 몹시 당황하고 불쾌해하면서 측근에게 물었다.

도대체 이 사람들은 무슨 염치로 다시 나에게 오는 건가?

측근은 이렇게 답했다.

사람들이 아침에 시장에 모이고 저녁이 되면 시장을 떠나는 이유는 아침 시장을 좋아하고 저녁 시장을 싫어해서가 아닙니다. 저녁 시장에는 이미 물건이 모두 팔리고 없기 때문입니다. 사람들이 주군이 권세를 잃자 떠났고, 권세를 되찾자 다시 돌아오는 것은 모두 자연스러운 인간의 모습일 뿐입니다. 마음이 상하시겠지만 저들을 물리치지는 마시옵소서.

과거 맹상군은 식객들이 자신을 떠날 때 심한 배신감을 느꼈음이 틀림없다. 그래서 다시 자신을 찾는 사람을 '염치없는 사람'이라고 생각했다. 하지만 그의 측근은 '그게 인간의 자연스러운 모습'이라고 말해준다. 돈과 권력이라는 지위를 잃은 사람의 곁에는 더 이상 남아 있을 필요가 없다고 여기는 건 어쩔 수 없는 일이라는 이야기다.

사실 우리도 은연중에 맹상군과 같은 생각을 하고 있다가 느닷없이 배신감을 느끼곤 한다. 나에게 따뜻하게 대해주었던 사람, 나를 위로하고 함께 있어주었던 사람들이 정말로 의리가 있고, 정이 있으며, 괜찮은 사람이라고 미루어 짐작해 버린다. 그러다가 지위가 약해지고 사람들이 외면하면 사회가 비정하다고 생각하며 슬픔에 잠기는 것이다.

해석자 모듈에서 탈출하라

이러한 사회적 동물로서의 지위의 문제에서 탈출하려면 해석자 모듈interpreter module이라는 것에서 조금은 벗어나야 할 필요가 있다. 해석자 모듈이란 신경과학에서 인간의 생각과 행동을 분석하는 개념으로 사람이 자신의 행동이나 경험, 과거의 기억에 의미를 부여하는 방식이다. 이러한 관점에서 보면 인간은 대체로 자신의 인생을 하나의 스토리로 여긴다고 한다. 좀 더 쉽게 표현하면, 은연중에 자신을 영화 속 주인공으로 여기며 인생이란 한 편의 영화를 찍는 것이라고 생각한다는 이야기다. 따라서 대부분의 영화가 영웅이 승리하며 해피엔드로 끝나듯, 자신의 인생도 찬란해야 하며 영웅으로서 해피엔드를 이끌어내야 한다고 여긴다. 물론 이러한 해석자 모듈은 우리에게 적지 않은 도움이 된다. 자아 정체성을 형성하는 데 도움이 될 뿐만 아니라 삶을 더 발전적으로 이끌어가는 데에도 도움이 되기 때문이다. 하지만 문제는 이러한 영웅 스토리에서는 영웅이 죽는 일이 있어서는 안 되고, 영웅이 불행해져서도 안 된다는 강박에 빠지게 된다는 점이다. 따라서 실제로 자신의 인생에서 성공이 이뤄지지 않고 영웅으로서의 지위를 누리지 못하게 되면 매우 우울해지고 그 결과 각종 심리적 문제에 시달리게 된다.

해석자 모듈의 이러한 부정성에서 빠져나오기 위해서는 인생을 영화의 스토리로 자신을 영웅으로 여기는 대신, 인생은 하나의 게임에 불과하고 자신은 그저 플레이어라고 인식해야 한다. 게임에도 승패는 있지만 언제든 반복적으로 다시 실행할 수 있고 비록 한 판은 진다 해도 다음 게임에서 성공할 확률이 얼마든지 있다. 언제든 가벼운 마음으로 새출발을 할 수 있는 것이다. 거기다 자신은 모든 것을 책임진 영웅이 아니니, 그저 자신에게 주어진 플레이어로서의 역할만 잘 수행하면 충분하다. 따라서 굳이 내가 해피엔드를 주도할 필요가 없으며 과도한 부담감을 떠안을 필요도 없게 된다.

만족감의 또 다른 측면

이와 동시에 이제까지 삶의 만족도에 대한 기준도 나 자신에게로 향하게 하는 것이 좋다. 사람이 느낄 수 있는 정서 중에서 가장 차분하고 평화롭고 불순물 없는 것이라면 단연 만족감을 꼽을 수 있을 것이다. 충분하고 넉넉함, 원하는 만큼 이뤄냈다는 만족감은 우리를 너무도 행복하게 한다. 그런데 이러한 만족감에도 종류가 있다. 가장 크게는 타인 지향적 만족감과 자기 지향적 만족감이 있다. 타인 지향적 만족감은 외부의 인정, 사회적 기대, 집단에 대한 소속감으로 인한 만족감이다. 높은 지위를 통해 유지하는 만족감 역시 이런 종류에 속한다. 물론 이 역시 매우 중요하다. 경쟁을 통해 발전을 이뤄낼 수 있기 때문이다. 하지만 나의 지위가 흔들리고 약화될 때에는 타인 지향적 만족감에서 빠져나와 자기 지향적 만족감에 더 관심과 가치를 두어야 한다.

'천둥소리에 따라 만물이 움직인다'는 의미의 부화뇌동(附和雷同)은 줏대 없이 너무 쉽게 타인의 의견에 휩쓸린다는 부정적인 의미지만, 실제 원문을 풀어보면 그렇게까지 금기시 할 의미는 아니다. 과거 자연의 여러 현상을 과학적으로 해석할 수 없었던 사람들은 천둥소리를 신이 만들어내는 것이라 믿었으며 만물이 그에 따라 반응하는 것이 당연하다고 여겼다.

우리가 지내왔던 젊은 시절의 삶 역시 마찬가지였다. 나보다 앞서 태어난 사람들이 만들어놓은 세상의 질서에 반응하며 그에 따라서 살아야 하는 것이 당연했다. 하지만 어느 순간 나의 환경이 바뀌고 그에 따른 지위도 변할 것이라고 예상된다면, 또한 여기에 반응해서 새로운 추진력을 갖추어야만 한다.

자등명 법등명(自燈明 法燈明)이라는 말이 있다. 자기 자신을 등불로 삼고 법을 등불로 삼으라는 이야기다. 이 말은 깨달음을 얻기 위한 방법이지만, 이제는 타인을 지향하기보다 자신을 지향하고, 내면을 바라보면서 만족감을 얻으라는 의미로도 해석할 수 있다. 그리고 이러한 정신이야말로 오히려 진정한 자유를 향해 나아가는 길이라고 해도 과언이 아닐 것이다.

에필로그

지혜의 배를 타고
고통의 바다를 건너라

'9988234(구구팔팔이삼사)'를 생의 마지막 목표로 삼는 어르신들이
있다. 99세까지 팔팔하게 살다가 이삼일 정도 아픈 뒤에 죽으면
좋겠다는 말이다. 여기에는 죽음 그 자체에 대한 두려움보다는
죽음 직전의 고통에 대한 두려움이 담겨 있다. 이삼일만 아프고
죽을 수 있으면, 마지막 죽음으로 향하는 과정이 다소나마 편안
하지 않겠냐는 것이다.

죽음의 직전에 육체적 고통이 두렵다면, 삶의 마디마디에서
는 정신적 고통이 가장 두려울 수밖에 없다. 육체적 고통이야 평

소에 건강한 습관을 실천하고 의학 기술에 의존하면 된다지만, 정신적 고통은 모두 각자의 대안을 마련해야만 한다. 아무리 돈이 많고 명예가 드높다고 해도, 이 정신적 고통에서 자유로울 수 없다면 괴로움에서 빠져나오기가 쉽지 않다. 깊은 산속에서 홀로 사는 사람이 행복감을 느끼는 이유는 그들이 은둔이라는 매우 효과적인 고통 회피 방법을 선택했기 때문이다. 과거 수없이 많은 현자가 인위적인 사회질서로부터 자신을 지키기 위해 산과 숲으로 들어갔다. 매우 효과적인 방법이기는 하지만, 늘 사회와 접점을 이루면서 살아가야 하는 우리는 은둔이 아닌 또 다른 방법을 찾아야 한다.

코끼리가 밧줄을 끊듯

부처가 되기 위해 싯다르타가 출가를 하자 그 소문이 일대에 파다하게 퍼졌다. 사람들은 싯다르타의 지위가 왕이 될 사람이었다는 점에 주목할 수밖에 없었다. 그냥 가만히 놀고먹어도 막대한 부와 권력을 쥘 수 있는 사람, 그가 모든 것을 포기했기 때문이다. 실제로 싯다르타는 매일 밤 아리따운 여인들과 질펀하게 연회를 즐겼다. 아버지 역시 아들이 쾌락에 물들도록 권했다. 싯다르타가 태어나기 전, 성인이 되어 출가를 할 수도 있다는 예언을 들었기 때문이다. 하지만 어느 날 새벽, 싯다르타는 그 모든 세속의 즐거움과 영광을 뒤로하고 출가를 결행했다.

이 소문을 들었던 사람 중에 알라라 칼라마Alara Kalama도 있었다. 그는 당시 매우 유명한 명상 스승이었으며, 출가한 싯다르타의 첫 번째 스승이기도 했다. 싯다르타가 찾아가 "생로병사의 문제를 해결하고 싶습니다"라고 말하자 그는 '지혜의 배'를 권했다.

> 위세가 당당한 코끼리가 자신의 밧줄을 끊듯이,
> 그대는 애정의 얽매임을 끊고서 왕위를 버리고 출가했다.
> 늙은 왕이 자식에게 왕위를 물려주고서 숲으로 가는 건 놀랍지 않다.
> 그러나 한창 쾌락에 젖어 있을 나이에 화려한 왕궁의 삶을 버리고 떠나온 그대는 참으로 놀랍다. 이 높은 가르침을 담기에 적합한 그릇이다.
> 지혜의 배를 타고 고통의 바다를 건너가라.

지혜는 인간이 겪는 고통을 이겨낼 수 있는 최상위의 정신적인 무기다. 고대 그리스 시대부터 지혜의 신은 최고의 신 중 한 명이었으며, 지혜라는 덕목은 '모든 덕목의 아버지'라고 불렀다.

철학을 의미하는 영어 필로소피philosophy는 '지혜를 사랑한다'는 의미다.

각자의 배를 만들어가는 과정

하지만 지혜라는 것을 너무 경외하는 눈으로 바라볼 필요는 없다. 엄밀히 말해 지혜는 그저 도구에 불과하다. 칼, 톱, 망치, 줄자와 크게 다를 바 없다. 내가 살아가는 세상, 내가 겪은 사건, 내 주변의 사람들을 해석하고, 정의하고, 나의 태도를 정하는 지극히 실용적인 도구일 뿐이다.

거기다가 지혜라는 것은 정형화된 것도 없고 자신의 스타일에도 맞아야 한다. 지혜의 형태와 쓰임새는 사람에 따라 모두 제각기 다르기 때문이다. 공자든 맹자든 노자든, 그들이 말하는 지혜가 자신에게 딱 맞는 '맞춤형 지혜'가 될 수 없는 것도 바로 이런 이유 때문이다. 제자백가(諸子百家), 여러 학자가 만들어놓은 100가지 학파는 모두가 자신들이 진리라고 말했으며, 그에 따른 100가지 수행법이 있었다. 결국 고통의 바다를 지나는 지혜의 배는 자기 스스로 만들어나가야 한다. 그것은 혼자서 하는 고독한 작업이고, 스스로 구축하는 내면의 성이다. 다만 과거의 현명했던 사람들의 이야기가 충분히 지혜의 배를 완성해 나가는 조각의 하나하나가 될 수 있을 것이다.

끊임없이 '나의 지혜'를 쌓아가는 과정

이 과정에는 반드시 방랑이 포함될 수밖에 없다는 점을 염두에 두는 것이 중요하다. 기준도 없고 정답도 없는 세상에서 끊임없이 나에게 맞는 지혜를 구상해 보고 맞춰보아야 한다. 처음에는 맞는 것이라고 생각했다가도 이내 자신에게 부자연스러운 것이 되기도 하므로 가끔 그 과정이 허무한 것처럼 느껴지기도 한다. 그래서 지혜를 찾아 방랑하는 자는 그러지 않는 사람보다 훨씬 더 정신적 피곤함에 시달리기 마련이다.

미국의 작가이자 문화비평가인 리베카 솔닛Rebecca Solnit은 "생각으로 먹고사는 사람들은 방랑하지 않을 수 없다"고 말했다. 여기에서 '생각으로 먹고사는 사람들'은 구체적으로 글을 쓰는 작가를 의미하지만, 광의의 의미에서는 자신의 삶을 반추하고, 더 나은 지혜를 얻기 위해 노력하는 모든 사람이라고 봐도 무방하다. 그러니 지혜를 찾는 과정은 방랑의 과정이며, 피곤한 과정이라는 사실을 받아들일 필요가 있다. 하지만 어느덧 지혜의 배를 잘 운용하는 훌륭한 뱃사공이 되어 있다면, 그렇지 않은 사람보다 훨씬 더 고통의 바다를 잘 건너갈 수 있다.

더불어 이 책이 독자 각자가 만들어갈 지혜의 배의 조그마한 조각이 될 수 있다면, 오랜 집필 과정이라는 고통의 바다를 건너온 필자에게도 매우 벅찬 위로가 될 것이다.

지나고 보니 마흔이 기회였다

초판 1쇄 발행 2025년 4월 21일

지은이 이남훈
펴낸이 김선준, 김동환

편집이사 서선행
책임편집 송병규 **편집4팀** 이은애
디자인 엄재선
마케팅팀 권두리, 이진규, 신동빈
홍보팀 조아란, 장태수, 이은정, 권희, 박미정, 조문정, 이건희, 박지훈, 송수연
경영관리 송현주, 윤이경, 정수연

펴낸곳 페이지2북스
출판등록 2019년 4월 25일 제2019-000129호
주소 서울시 영등포구 여의대로 108 파크원타워1 28층
전화 070) 4203-7755 **팩스** 070) 4170-4865
이메일 page2books@naver.com
종이 ㈜월드페이퍼 **출력·인쇄·후가공** 더블비 **제본** 책공감

ISBN 979-11-6985-134-3 (03150)